信息技术
对现代出版业优化提升的
理论和实践

吕景刚　李德升　王丽娟　著

知识产权出版社
全国百佳图书出版单位
——北京——

图书在版编目（CIP）数据

信息技术对现代出版业优化提升的理论和实践/吕景刚，李德升，王丽娟
著.—北京：知识产权出版社，2025.6.—ISBN 978-7-5130-9982-0

Ⅰ.G239.2-39

中国国家版本馆 CIP 数据核字第 2025SD2498 号

内容提要

本书系统探讨信息技术驱动下现代出版业的优化路径。从"元宇宙"重构虚拟出版场景、人工智能革新内容生产、VR/AR 增强阅读交互，到大数据驱动精准决策、区块链保障版权价值、5G 加速数字化传输，多维度解析技术赋能出版业的核心机制。结合 XML 结构化内容管理、数字水印防盗版及云计算资源优化等案例，提出技术集群协同框架，最终构建智能出版生态系统，为行业数字化转型提供理论与实践参考。

本书适合从事出版及相关领域工作的人员阅读。

责任编辑：高　源　　　　　**责任印制：**孙婷婷

执行编辑：肖　寒

信息技术对现代出版业优化提升的理论和实践

XINXI JISHU DUI XIANDAI CHUBANYE YOUHUA TISHENG DE LILUN HE SHIJIAN

吕景刚　李德升　王丽娟　著

出版发行：知识产权出版社有限责任公司	网　　址：http://www.ipph.cn
电　　话：010-82004826	http://www.laichushu.com
社　　址：北京市海淀区气象路 50 号院	邮　　编：100081
责编电话：010-82000860 转 8745	责编邮箱：laichushu@cnipr.com
发行电话：010-82000860 转 8101	发行传真：010-82000893
印　　刷：北京中献拓方科技发展有限公司	经　　销：新华书店、各大网上书店及相关专业书店
开　　本：880mm×1230mm　1/32	印　　张：7.25
版　　次：2025 年 6 月第 1 版	印　　次：2025 年 6 月第 1 次印刷
字　　数：163 千字	定　　价：52.00 元

ISBN 978-7-5130-9982-0

CONTENTS

目　录

第一章

元宇宙：
扩展现实与虚拟世界的融合

一、"元宇宙"的起源与发展

"元宇宙"（Metaverse）概念 1992 年由美国科幻小说家尼尔·斯蒂芬森在其科幻小说《雪崩》中提出。Metaverse 本译为"超元域"，现译为"元宇宙"。该小说构想了一个未来的场景——现实人类通过 VR 设备与虚拟人共同生活在一个由计算机与互联网编织的虚拟世界中。

如果把"元宇宙"和虚拟世界理解成同样的概念，那么早在千年之前，古人就有了自己的"元宇宙"。从庄周梦蝶、奇幻小说，到 20 世纪 80 年代的赛博朋克、21 世纪的开放式游戏，再到今天的"元宇宙"，新名词的诞生或许只有几十年的光景，但虚拟世界这一概念已经走过了千年。

在不同时代的技术背景下，虚拟世界有着不同的呈现形式。以虚拟世界、虚拟场景的含义理解"元宇宙"，按照时间轴的方式来看，"元宇宙"共经历了三个基本历史阶段。

第一阶段，古典形态的"元宇宙"。以文学、艺术、宗教为载体的古典形态的"元宇宙"，即古典文学艺术形态中人们通过文学形式表现出来的想象场景、虚幻人物。在这个历史阶段，西方以神学与艺术融合，《圣经》中的伊甸园与末日审判、但丁《神曲》中闭环式的灵魂寓所，甚至达·芬奇的《蒙娜丽莎》，巴赫的宗教音乐，都属于古典形态的"元宇宙"。而东方以哲学与神话建构独特体系，《易经》与《河洛图》中对宇宙的探索、《山海经》中的异兽世界、《西游记》中的天宫与地府，都是具有东方特色的"元宇宙"代表。

第二阶段，新古典"元宇宙"。以科幻和电子游戏形态为载体的新古典"元宇宙"，即借助数字技术，利用游戏构建人们想象的虚拟世界及虚拟人物。其中，最经典的作品是 200 多年前玛丽·雪莱的科幻小说《弗兰肯斯坦》和 J. K. 罗琳在 21 世纪前后所创作的《哈利·波特》。1996 年，通过虚拟现实（Virtual Reality，VR）建模语言（VRML）构建的 3D 虚拟社区——Cybertown，其被视为新古典"元宇宙"的重要实验场。1999 年，全球上映的影片《黑客帝国》堪称最有代表性和震撼性的作品，"矩阵"中的人类既是被控制者，也是虚拟社会的参与者，人类的意识被上传至其中，而技术在不断剥夺人类的主体性。

第三阶段，高度智能化形态的"元宇宙"。是以区块链、扩展现实（XR）与人工智能（Artificial Intelligence，AI）为基座、游戏为载体的高度智能化形态的"元宇宙"。2003 年，美国互联网公司 Linden Lab 推出基于 Open3D 的"第二人生"（Second Life），开创去中心化"元宇宙"的先河；2006 年，Roblox 公司发布同时兼容了虚拟世界、休闲游戏和用户自建内容的游戏 Roblox，奠定"元宇宙"多场景融合基础；2009 年，瑞典 Mojang Studios

开发《我的世界》（Minecraft）游戏，验证了开放世界构建的底层逻辑；2019 年，Facebook 公司宣布 Facebook Horizon 成为社交 VR 世界，标志着科技巨头正式入局沉浸式"元宇宙"；2020 年，以太坊为平台，支持用户拥有和运营虚拟资产的 Decentra-land，这些都成为了"元宇宙"第三历史阶段的关键里程碑。

我们可以看出，"元宇宙"源自虚拟概念，萌芽于虚拟游戏，又超越于游戏，最终形成当前比较成熟的概念。人类不满足于自我现实的生活，由此虚构出虚拟世界和虚拟人物，从而形成一种心灵的寄托；而随着技术不断发展，虚拟世界的表现不再止于文人笔下的文字作品，逐渐通过在游戏世界中创造化身，在游戏世界中借助游戏角色表达自我追求；再到后来，技术可以实现人与虚拟世界的现实连接，"元宇宙"的概念逐渐成形，形成了一种基于技术而创作的虚拟世界的新型社会形态。

新型技术的出现，不断颠覆着信息传播的形式，从文本图片输出，到音视频输出，再到自我沉浸式获取，从被动接受到主动获取，虚拟世界逐渐走进现实。从这个角度来看"元宇宙"的发展已经经过了前两个阶段。

第一阶段，传递图文信息。1971—2005 年，传输量在 1G~3G 范围内，典型应用是邮件系统、门户网站、社交平台等。

第二阶段，传递视频信息。发生在 2005—2020 年，传输量在 4G~5G 范围内，典型应用是视频网站，如抖音、youTube 等。

而第三阶段——传递物理信息，此阶段强调信息全真获取，人可以直接进入事物发生现场获取一手信息。这个阶段预计在未来能够实现虚拟空间传递现实的交互行为，这是"元宇宙"最大的特点。这个阶段的传输量目前尚无法估量。

那新阶段的"元宇宙"是什么？关于"元宇宙"的概念并没有明确的权威且统一的标准，大家依据自己对于"元宇宙"的理解，结合其在自己行业中的应用为其下了很多定义。

风险投资家马修·鲍尔说，"元宇宙"是一个由实时渲染的三维虚拟世界组合而成的庞大且可交互操作的网络体系。其可容纳无限数量的用户，用户沉浸其中并同步、持续地体验，还可以保留数据的连续性，如用户身份、历史记录、拥有权力、物品资产、通信交流和支付交易等。清华大学新闻与传播学院新媒体研究中心指出，"元宇宙"是整合多种新技术产生的下一代互联网应用和社会形态，它基于扩展现实技术和数字孪生实现时空拓展性，基于 AI 和物联网实现虚拟人、自然人和机器人的人机融生性，基于区块链、Web 3.0、数字藏品/NFT（非同质化通证）等实现经济增值性。在社交系统、生产系统、经济系统上虚实共生，每个用户可进行世界编辑、内容生产和数字资产所有。

本书中，笔者以清华大学新闻与传播学院新媒体研究中心给出的定义作为"元宇宙"概念，可以将"元宇宙"理解为一种基于技术而创作的虚实结合的新型社会形态。在这种新的社会形态中，借助区块链、人机交互、电子游戏、AI、网络及运算、数字孪生六大数字技术，搭建起现实世界与虚拟世界的桥梁，在虚拟世界中，人类同样可以满足身份认同、社交交流、经济往来的需求，虚实融合的数字生活空间赋能人类个性化内容生产、多元化的生活方式，人类实现现实世界和虚拟世界之间的自由穿梭、交换。

Roblox 首席执行官大卫·巴斯祖基提出了"元宇宙"所需

具备的八项基本特征：身份、朋友、沉浸感、低延迟、多元化、随地、经济系统和文明。"元宇宙"的八大特点，具体体现为虚拟化身，虚拟世界中用户可以拥有一个或多个虚拟身份，用户也可以同时拥有多个分身；沉浸式交互体验，用户犹如身临其境，拥有全方位的多感官体验；开放共创，"元宇宙"拥有海量的可供虚拟活动的数字资源，破除了现实世界的边界，充分激发用户的创造力与想象力；强社交性，相较于现实世界，"元宇宙"构建起更为多元且交互性更强的社交模式，拓宽用户社交边界，提高了社交互动频率；稳定化系统，"元宇宙"拥有安全可靠、运行稳定且秩序井然的虚拟经济社会系统，保障虚拟世界中的经济活动得以有序开展。

不管如何对"元宇宙"的概念理解和分析，"元宇宙"都离不开三大属性——时空扩展性、人机融生性、经济增值性。[1]

时空扩展性是"元宇宙"世界基本属性，"元宇宙"借助扩展现实技术和数字孪生技术对现实空间和时间进行了多重延伸，提供了一个逼近现实且超越现实的新世界。在"元宇宙"世界中，主体的体验、社交、生产、经济等元素可延伸到现实世界。且"元宇宙"的时间和空间是由数据组成的，是算法化的，"元宇宙"的空间是无限的，主体可以存在多元宇宙中，"元宇宙"的时间是可追溯、回顾查看的，过去、现在、未来是可相互跳跃的。在"元宇宙"中，时间和空间是不连续的。主体可以凭借意念，自由选择任何空间的瞬移和任何时间点的跨越，可实现现实世界和虚拟世界的自由切换。

---

[1]　清华大学元宇宙文化实验室. 元宇宙发展研究报告 3.0 ［R］. 北京：清华大学，2022：20.

人机融生性是"元宇宙"社会中人机共生的基本属性,"元宇宙"是自然真身、虚拟分身、机械假身融合形成"三身合一"的融生社会形态。在整个"元宇宙"的融生中,自然人的意识会被上传到系统中,自然人本身作为虚拟世界的能量供给,人与机器的界限逐渐模糊,构建起新型共生生态,有效提升自然人在虚拟世界体验的真实感、丰富度与交互效率。自然人进入虚拟空间中,以虚拟人作为形象呈现,一个自然人可以根据不同情形实时创造出不同虚拟人,一个自然人还能拥有无数个多线程分身。而虚拟人、机器人为了满足自然人的需求也将不断进行智能进化。

经济增值性是"元宇宙"中经济往来、稳定安全的根本属性,"元宇宙"的数字资本通过虚拟原生和虚实共生来增值经济价值。前者通过虚拟人经济行为的价值创造实现虚拟原生价值增值;后者通过参与实体产业资本循环或者为现实社会服务创造真实经济收益,实现虚实共生价值增值。

二、"元宇宙"当前发展现状

当前,"元宇宙"技术已经从概念阶段发展到实践融合阶段,逐渐形成了以底层技术突破、政策生态支持、行业应用实践为核心的发展基础,为"元宇宙"在出版业的应用提供了多维度技术支持和创新尝试。

一是"元宇宙"发展的底层技术基础逐步成熟。随着"元宇宙"不断发展,底层技术不断应用创新,"元宇宙"基本形成了以 VR、增强现实(Augmented Reality,AR)、AI、区块链、5G 通信为核心的技术矩阵。VR/AR 设备通过高分辨率显示、低延迟追踪和实时渲染技术，实现了从平面阅读到三维沉浸式体验的跨越；AI算法能缩短数字创作时间，文本、图画、视频等多元化内容呈现形态，推动"元宇宙"的渲染模式质量提升，赋能虚拟化身个性化、多元化的发展需求；区块链智能合约技术为虚拟世界数字交易、版权认证提供了每秒万级交易处理能力，确保经济行为正常进行，实现虚拟世界的经济增值；5G、Wi-Fi6 等多种通信技术能够有效提升传输速率及降低时延，VR融合和万物互联架构。●

二是国家与地方协同推进"元宇宙"生态布局。数字化浪潮中，"元宇宙"作为新兴技术的集合体，也同样深受国家和地方政府的关注。加快推进数字产业化和产业数字化的进程，我国在《元宇宙产业创新发展三年行动计划（2023—2025 年）》中明确将"元宇宙"定义为"数字经济与实体经济融合的高级形态"，并加快推动形成"虚实互促"的产业生态。除此之外，通过设立专项基金，鼓励科研机构与企业投身"元宇宙"关键技术研发，对于 VR、区块链等核心技术取得重大突破的项目给予资金支持，加速技术成果转化，从而助力"元宇宙"发展。各级地方政府也积极响应国家号召，布局"元宇宙"生态发展赛道。上海市将"元宇宙"写入了"十四五"规划，北京市通州区出台了"元宇宙"引领发展的八条措施，海南省打造起"元宇宙"发展基地等。全面布局，形成了政策引领、企业共建的良性循环。

三是"元宇宙"与行业跨界融合，催生新型内容形态。"元

● 郭全中. 元宇宙的缘起、现状与未来 [J]. 新闻爱好者，2022（1）：26-31.

宇宙"作为新型数字技术，凭借其虚实共生的特性，在文化产业、旅游产业、教育行业都有极大的应用空间，催生出更加形象生动的内容形态。如借助仿真实景与裸眼 3D 数字投影相结合，非遗文物跨越了时代的阻碍，生动形象地呈现在 21 世纪的现代人面前；上海市打造了"元宇宙"文旅私董会，对豫园、外滩等历史地标进行数字化重塑，游客能够"穿越"至民国街景，沉浸式体验民国时代的独特风情；湖南广播电视台的 XR 历史课堂项目，通过三维建模还原衡阳市船山书院场景，学生可与历史人物虚拟影像进行互动对话。

三、"元宇宙"未来发展趋势

"元宇宙"是互联网下一个阶段的重新定义，为互联网经济带来生机和活力。

互联网经济亟须通过"元宇宙"向数字经济深化。互联网经历了 PC 互联网、移动互联网阶段之后，遇到了严重的发展瓶颈。一是移动互联网红利基本衰竭，亟须寻找新赛道。二是消费互联网已经相对成熟，亟须把消费互联网的成功经验和数字化能力复制到产业互联网，实现数字经济的更快更好发展。综上所述，互联网经济亟须向全面数字化的数字经济演进深化，而"元宇宙"无疑是一条有效路径。❶

未来，"元宇宙"发展将经历三个阶段：第一阶段，未来 5～10 年，形成"社交+游戏"的主要形态；第二阶段，未来 10～20 年，VR 概念逐渐模糊，将消费、金融、生活服务等真实世界的

---

❶ 郭全中. 元宇宙的缘起、现状与未来［J］. 新闻爱好者，2022（1）：26-31.

元素接入到虚拟网络当中，用户基数、使用时间进一步提升，"元宇宙"将成为社会生活中的重要组成部分；第三阶段，未来几十年甚至更久，形成互联网的终极形态，在虚拟世界中形成新的文明。❶

当然，对于未来"元宇宙"的发展，人们只是根据当前其发展趋势作出理想化描述，"元宇宙"未来的发展面临诸多不确定性，我们仍需不断摸索前行，洞察其中的本质和方向。当前，我们面临四个层面的挑战。一是技术层面，面临终端设备及关键部件、通信网络带宽与延迟、稳定高效的算力供给三个方面的难题；二是社会层面，面临数据隐私、内容合规、网络安全的监管问题；三是算力层面的问题；四是监管层面的问题。

"元宇宙"寄托了人类对自由探索理性虚拟世界的美好愿景。虽然其终极形态目前尚未达成共识，但部分功能应用得到了阶段性的实现，从游戏产业逐渐扩散到工业制造等领域。"元宇宙"的未来已来，只是尚未流行，我们可以怀疑"元宇宙"，但不要低估了"元宇宙"对未来的影响。

四、"元宇宙"如何改变出版业

数字化转型是时代的主题之一，数字技术的指数级发展正在重塑人类社会的运行逻辑，据国际数据公司（IDC）❷预测，2025年全球数据总量将突破175 ZB，相当于每人每天产生1.5 GB数

---

❶　方光照，田鹏. 元宇宙：从架构到落地 [J]. 国际金融，2022（3）：8-14.
❷　REINSEL D, GANTZ J, RYDNING J. Data Age 2025: The Evolution of Data to Life-Critical [R/OL]. (2017-04-01) [2025-03-10]. https://www.seagate.com/www-content/our-story/trends/files/data-age-2025-white-paper-traditional-chinese.pdf.

据，这种数据洪流不仅改变了信息获取方式，更催生出虚实交融的"数字孪生"文明形态。

近年来，出版业也一直在努力探索，形成了电子书、有声书、知识服务的数字产品矩阵，但数字技术以前所未有的速度影响着用户对于内容的需求，出版业破局发展迎来瓶颈。内容形态停留在二维平面化阶段，用户阅读积极性不高；产业链各环节数字化程度失衡，编校环节自动化有待落实；商业生态尚未突破"纸质书电子化"的初级形态。而"元宇宙"作为整合VR/AR、区块链、AI等技术的复合型数字技术，为出版业突破"数字化天花板"提供了新的转机和发展机遇。

第一，内容生产智能化革命。已有的内容生产方式一般包括由专业化团队主导的专业生产内容（Professional Generated Content，PGC）与由用户生产内容的用户生成内容（User Generated Content，UGC），但无论是PGC还是UGC，受个人想象力和技能水平的限制，难以满足数字化时代迅速增长的内容需求，而"元宇宙"AI技术带来了新的生产方式和内容变革。人工智能生成内容（Artificial Intelligence Generated Content，AIGC）突破了人工限制，通过AI技术为"元宇宙"带来丰富多样的数字资源，"文生图""文生视频"等新的内容生产形式实现了从文本直接到多样化形态转变。

第二，产品内容形态实现多维跃迁。传统的出版产品主要以纸质书籍、电子书、有声书、视频短片等形式存在，而"元宇宙"则通过三维建模、VR等技术，将内容以更加直观、生动的方式呈现给读者。读者可以在"元宇宙"中"走进"一本书，通过VR技术体验书中的场景与情节，这种沉浸式的阅读体

验将极大地提升读者的阅读兴趣与参与度。出版内容将成为
"信息+""声音+""色彩+""动漫+"等多感官、综合体验的
形式，内容影视化、游戏化、场景化可成为现实。

第三，交易平台场景化构建。传统出版业往往依赖于实体
书店、电商平台等销售渠道进行图书销售，而"元宇宙"则通
过构建虚拟书店、在线交易平台等，为出版业提供了更加便捷、
高效的销售渠道。栩栩如生的虚拟人代替编辑、作者、导购成
为台前的主播，向读者全面展示书籍内容、讲解书籍出版趣事、
讲述作者的亲身经历，形成全新的营销模式。读者也可以在
"元宇宙"中利用数字货币、区块链技术实现产品交易、数字版
权交易等，为出版业提供了新型盈利模式。

第四，出版产业生态全面升级。"元宇宙"通过构建虚拟世
界与现实世界相融合的生态系统，拓宽了出版业的边界，促进
了出版业跨界融合。"元宇宙"不仅成为互联网、AI、区块链、
大数据等多种技术、多种理念、多种行业的融合平台，成为信
息、技术、人才、资本的融合平台，成为传统出版与数字技术
融合的平台，成为移动化、视频化、知识化、有声化深度融合
的平台；还将塑造新的出版人形象，重塑出版流程，打造包括
"元宇宙"智能阅读、知识分享、交流体验、实时培训的"元宇
宙"全新商业生态。❶

（一）"元宇宙"与出版社

"元宇宙"作为第三代互联网形态，正在重构数字时代的文

---

❶　乔卫兵. 元宇宙与出版数字化转型［J］. 出版广角，2022（18）：6-23.

化生产与传播逻辑，为出版产业带来范式转型的深刻机遇。传统出版机构面对技术革命的被动境遇，折射出产业数字化转型的滞后性，而"元宇宙"技术窗口期的开启，为出版业突破路径依赖提供了战略支点。当前，出版机构正通过多维实践探索"元宇宙"技术赋能的可行路径，其影响已渗透到内容生产、传播形态与产业价值链的深层结构。

一是在选题内容生产维度上，催生出"元宇宙"新型知识载体的作品。中译出版社等通过系统布局《元宇宙通证》《极简元宇宙》等理论著作，构建起"元宇宙"认知框架的出版矩阵，形成"元宇宙"数字化知识传播的体系。新兴技术的出现，催生出新兴的知识体系，出版机构应当关注前沿技术，承担起传播知识、转化科技成果的责任。未来，出版机构需持续关注"元宇宙"发展，并适时出版一些新技术成果的图书，深化"元宇宙"与其他行业、学科的联系和研究，为多学科交叉研究提供范式工具与学理支撑。

二是"元宇宙"技术正在重塑出版物的媒介形态与交互范式。基于数字孪生与神经渲染技术构建的"沉浸式阅读空间"，使读者能够以具身化方式介入叙事进程。这种从"阅读"到"体验"的媒介转型，要求出版机构建立适应三维化、动态化内容生产的新型编辑范式。中译出版社联合中国图书进出口（集团）有限公司开展的"5G 新阅读"实验表明，出版业正在通过技术融合实现内容载体的代际升级，这种转型不仅涉及表现形式革新，更触及知识生产与传播的本质逻辑重构。

三是"元宇宙"技术驱动下的学科融合催生出理论体系的创新建构。"元宇宙"经济学、教育学、产业学等交叉学科的涌现，标志着新技术范式正在突破既有学科边界，形成具有自组织特征的"元宇宙"学科理论体系。这种跨学科整合不仅为出版业拓展了内容疆域，更通过理论创新反哺实践探索，形成"研究—出版—应用"的良性循环。

四是产业价值链的延伸重构成为"元宇宙"赋能的核心表征。出版机构通过构建三维化销售平台、试水 NFT 数字藏品交易等模式创新，将传统发行网络升级为沉浸式消费场景。空间叙事将转变传统的阅读行为，用户可根据自己的需要选择获取不同时间、不同时代的知识信息，利用"元宇宙"技术将内容存储在数字藏品中，用户通过数字交易获取数字藏品的所有权，可沉浸式欣赏作品，甚至身临其境体验当下的场景，这种从产品思维向场景思维的转型，标志着出版业正在重构文化消费的价值链条。

五是"元宇宙"技术催生创作者经济范式革命。新技术发展显著降低内容创作门槛，推动创意生产从专业化向大众化迁移，用户同样可以借助 AI 技术生产文本内容，用户不仅仅是内容接受者更是内容生产者，用户的创造力将推动内容生产推向新的发展阶段，但由此出现了内容逐渐呈现智能化的问题，这种生产模式的变革要求出版机构建立适应从 UGC 到 AIGC 的内容筛选与运营机制。

面对"元宇宙"技术浪潮，出版业的数字化转型已进入"深水区"。这种转型不仅要求技术敏感度的提升，更需要产业主体突破传统思维定式，通过组织创新构建技术驱动的出版新范式。"元宇宙"产业化进程的加速，正推动出版业从文化载体提供者向数字体验架构者转型，这种角色转变的深度与广度，将决定产业在未来数字文明中的价值定位。出版机构若能把握技术赋能与内容创新的双轮驱动,将在"元宇宙"时代实现价值重构与生态跃迁。

(二)"元宇宙"与阅读

在"元宇宙"时代,人类的阅读行为实现从物理载体到数字虚拟载体的飞跃,信息的获取不再仅仅依赖文字传播知识,数据反而开启了阅读的新纪元。在这个虚拟与现实深度融合的空间里,人们接触的不再只是抽象的文字符号,而是丰富多元、高度交互的数据流,这些数据以图像、声音、触觉反馈等形式呈现,重构了阅读体验的基础框架。阅读变成随时随地、每时每刻都在进行的生活方式,阅读也将成为人们在"元宇宙"中连接一切的接口。

在"元宇宙"中,阅读最显著的特征便是"身临其境"的体验,读者穿越岁月来到远古街道,跨越山川来到诗人故居,突破空间来到新闻现场……一切信息都以"全真"方式呈现在我们眼前。

"全真阅读"作为"元宇宙"时代下阅读体验的核心理念,其目的在于通过高度仿真的技术与算法,构建出无限接近真实世界的虚拟环境,这种阅读不仅追求视觉与听觉的沉浸,更致力于实现触觉、嗅觉等多感官的全面模拟,从而让读者在虚拟空间中体验到近乎真实的互动与学习。"全真阅读"的实现,依赖于大数据、AI、物联网等前沿技术的深度融合,它们共同支撑起一个既超越物理限制又保持逻辑自洽的知识探索空间。

阅读从史前口头传播时代、史前石刻时代、文字时代、图文时代、视频时代进入到三维信息时代❶，不仅是对传统阅读方式的超越，更是对人类认知模式的一次深刻重塑。尽管阅读形态持续演进，但阅读的本质，即获取知识、理解世界、促进思维发展的目的始终未变。在虚实交融的"元宇宙"文明中，阅读活动既需要积极拥抱技术赋能的认知革命，更应坚守知识传递的本质使命。正如伽达默尔阐释学揭示的真理：理解不是主体的单向解码，而是读者与文本在历史长河中的意义对话，而技术最终也只是服务于人类永恒的求知诉求。

五、应用实例："元宇宙"中的虚拟书店

从本章第一节"元宇宙"的起源与发展中不难发现，"元宇宙"的主要应用为构建虚拟世界，而虚拟世界是万象多彩的，既包括具体的虚拟人、虚拟物品，也包括虚拟空间的虚拟场景。书店，作为文化产业的重要组成部分，作为出版业发行端的文化场所，将得益于"元宇宙"的虚拟场景构建，沉浸式的数字化书店将为读者阅读带来翻天覆地的转变。

当前的书店主要包括线下的实体书店和线上的网络书店，前者主要为读者提供文化阅读空间，以其文化氛围吸引读者驻足、留步；后者主要负责图书的线上营销，以其便利的网络渠道大大提高了与读者交易的效率。受数字技术浪潮的冲击，出版业正经历着发行渠道的深刻转型，线上营销与直播销售虽然成为新兴渠道，却也加剧了行业内的价格战。实体书店深受高昂运营成本、管理人才匮乏、市场定位模糊及服务内容单一等

---

❶　徐升国. 元宇宙时代的阅读与出版 [J]. 科技与出版，2022（4）：5-10.

问题的困扰，纷纷陷入经营困境，"倒闭潮"此起彼伏。与此同时，网络书店在电商模式的推动下，虽拓宽了市场，但图书价格的持续走低与仓储物流成本的居高不下，导致其利润空间不断被压缩，同样面临严峻挑战。实体书店与网络书店均亟须探索新的发展路径，以应对当前困境。

"元宇宙"概念兴起，加之其在其他行业进行的尝试，为"元宇宙"在出版业的发展提供了新思路。"元宇宙+书店"或将成为实体书店的破局之路，在"元宇宙"虚拟空间中构建虚拟书店，读者亦可以以虚拟分身进入"元宇宙"书店中阅读，"元宇宙"书店依然可以作为文化阅读空间，满足读者对于阅读、对于以书会友的需求，同时，"元宇宙"书店依然以图书交易为主要业务，为读者提供服务。"元宇宙"书店突破了传统书店和网络书店的人员、空间限制，为书店的经营压缩了成本，又为读者提供个性化、多样化的服务。本节旨在从虚拟人、虚拟物、虚拟场三个维度，深入探讨"元宇宙"书店的未来形态，以期为相关领域的学术研究与实践探索提供参考。

（一）虚拟人：个性化与交互性的双重提升

在"元宇宙"书店中，虚拟人作为用户与书店之间的桥梁，扮演着至关重要的角色。虚拟人包括自然人的数字化身、自然人的数字分身和数字仿生虚拟人。自然人的数字化身是自然人在虚拟世界的实时映射的数字化形象，能够同步自然人的思想行为并实现实时的现实反馈，是文化交互的核心载体。自然人的数字分身是自然人在虚拟世界中的多个身份形象，一般与自然人的数字化身具有同样的形态，主要从事烦琐、复杂、重复性工作，旨在帮助自然人解决简单工作，缓解一定的社交压力等。而数字仿生虚拟人不依赖现实世界的自然人，而是由"元宇宙"生出来的 AI 驱动的虚拟人，是一种"基于计算机图形学、图形渲染、动作捕捉、深度学习、语音合成等技术打造的，具有外貌特征、表演能力、交互能力等人类特征的复合体"，也是"具备社交功能的社会人"❶，主要负责书店的基础运营，提供 24 小时实时服务。虚拟人具备强大的交互能力，能够与用户进行实时、自然的交流，实现了自然人在虚拟世界中的日常生活和社交互动，这种交互不仅限于简单的问答，更包括情感共鸣、知识分享、阅读推荐等多个层面，极大地提升了用户在书店中的沉浸感与参与度。

（二）虚拟物：数字化与智能化的阅读体验

"元宇宙"书店中的虚拟物是"元宇宙"书店运营的主要对象，主要包括图书及书店应该为读者提供的其他文化服务，其中，图书以动态的数字资源呈现，甚至产生新型的"元宇宙图书"等。传统纸质书被转化为多维数字资产，用户可以感知"翻页"质感，闻到书籍的墨香，触摸纸张的厚重感，用户在视觉、听觉、触觉、嗅觉等感官上都能实现与纸质书相同的体验。而"元宇宙图书"则成为集图书载体、内容、阅读体验于一体的新型产物，"元宇宙图书"通过三维数字场景重构传统阅读方式，其核心载体从实体介质转向动态化叙事空间。运用全息投影与触觉反馈技术，将文本场景转化为可交互的立体环境，读

---

❶　方卿，李佰珏，丁靖佳. 基于"人、物、场"的元宇宙书店构想［J］. 出版广角，2022（18）：38-43，50.

者可依据兴趣节点自主选择叙事路径，实现内容筛选与重组。这种数字出版物突破纸质书线性表达局限，通过 AI 引擎生成多模态感知系统，支持读者以第一视角介入故事线，与历史角色或虚拟人物展开跨时空对话，实现了"全真阅读"。

（三）虚拟场：沉浸式与社交化的阅读环境

"元宇宙"书店中的虚拟场，是连接"人"与"物"的场所，其不仅仅是为用户进行阅读、交流、分享等活动的物质空间，亦是"人"与"物"的相互联系的关系空间。"元宇宙"书店空间以物理实体为蓝本构建数字空间，通过动态映射形成虚实同步的书店场所，精准复刻建筑外观与内部构造，还可以依托算力支持，突破物理空间传统尺度限制，既可无限延展容纳海量用户，用户可以细节观摩亦可以全景概览，书店在时间维度上支持回溯、跳转与倍速调节，实现非线性阅读体验，用户可以自行选择某一时间点书店内发生的某个活动，再次沉浸式感受活动现场浓烈的文化氛围。另外，用户可以借助智能化设备获取个性化服务，利用智慧书架，用户能够快速定位所需书籍，并通过自定义书架分类方式及陈列方式，自行打造独属于自己的阅读空间，用户能够利用与场景的连接，在空间内自由穿梭，直达指定地点，用户可瞬移至自己想要阅读的专区或书架处，或是过去已经举办过的活动现场，实现与作家、名家、书友之间的交流互动，满足自己对于社交的需求。

"元宇宙"技术在出版领域的创新应用仍处于理论建构与实践探索的初级阶段，基于技术理性视角的分析表明，"元宇宙"虽为出版业提供了沉浸式交互、数字孪生场景构建及用户生成内容共创等新型能力，但出版业态的数字化转型绝非技术单维度赋能的产物，而更依赖于行业主体对技术势能的认知深度与转化能力。出版业能否借势"元宇宙"突破既有发展困境，本质上取决于从业者能否在技术赋能与内容创新的双轮驱动下，重构"作者—作品—读者"的价值创造链路，取决于能否利用"元宇宙"构建起生产端、加工端、发行端全产业链的虚拟场景，进而实现产业生态的跃迁式升级。

第二章

人工智能与机器学习：智能出版的新篇章

AI 是利用数字计算机或数字计算机控制的机器模拟、延伸和扩展人的智能，感知环境、获取知识并使用知识获得最佳结果的理论、方法、技术及应用系统。这包括诸如学习、推理、问题解决、语言理解、视觉感知和决策等各种能力。AI 的目标是使计算机系统能够像人类一样思考、学习和解决问题。随着 AI 技术的不断发展，AIGC 技术逐渐对公众开放，AI 能够自动生成文本、图像、音频和视频等多媒体内容，简单来说，就是 AI 能够像人类一样创作出各种形式的作品。以 OpenAI 开发的 ChatGPT 为例，这是一个基于大型预训练模型的 AI，可以生成流畅、连贯的文章和对话。

一、AI 技术概述

（一）AI 的发展历程

AI 的历史源远流长。在中国古代的神话传说中，技艺高超的工匠可以制作人造人，并为其赋予智能或意识，能够代替人从事一部分工作。现代意义上的 AI 始于古典哲学家试图将人类的思维过程描述为对符号的机械操作。20 世纪 40 年代，基于抽象数学推理的可编程数字电脑的发明，使一批科学家开始研究构造一个电子大脑的可能性。1950 年，著名的图灵测试诞生，如果一台机器能够与人类展开对话（通过电传设备）而不能被辨别出其机器身份，那么称这台机器具有智能。同一年，图灵还预言会创造出具有真正智能的机器的可能性。

1. 起源和雏形阶段（20 世纪 50 年代至 20 世纪 60 年代）

20 世纪 40 年代和 20 世纪 50 年代，来自不同领域（数学、心理学、工程学、经济学和政治学）的一批科学家开始探讨制造人工大脑的可能性。1950 年，艾伦·麦席森·图灵发表的一篇论文预言了创造出具有真正智能的机器的可能性。由于注意到"智能"这一概念难以确切定义，他提出了著名的图灵测试：如果一台机器能够与人类展开对话（通过电传设备）而不能被辨别出其机器身份，那么称这台机器具有智能。这一简化使得图灵能够令人信服地说明"思考的机器"是可能的。论文中还回答了对这一假说的各种常见质疑。图灵测试是 AI 哲学方面第一个严肃的提案。1956 年，AI 被确立为一门学科。最初的 AI 研究是 20 世纪 30 年代末到 20 世纪 50 年代初的一系列科学进展交汇的产物。神经学研究发现大脑是由神经元组成的电子网络，其激励电平只存在"有"和"无"两种状态，不存在中间状态。诺伯特·维纳的控制论描述了电子网络的控制和稳定性。克劳德·香农提出的信息论则描述了数字信号（即高低电平代表的二进制信号）。图灵的计算理论证明数字信号足以描述任何形式的计算。这些密切相关的想法暗示了构建电子大脑的可能性。1956 年，达特茅斯会议上 AI 的名称和任务得以确定，同时出现了最初的成就和最早的一批研究者，因此这一事件被广泛地认为是 AI 诞生的标志。

2. 知识表达和推理阶段（20 世纪 60 年代至 20 世纪 80 年代）

代表性的工作包括规则基础系统（Expert Systems）尝试以规则和知识库进行推理。许多 AI 程序使用相同的基本算法，为实现一个目标（如证明定理），它们一步步地前进，就像在迷宫中寻找出路一般；如果遇到了死胡同则进行回溯。这就是"搜索式推理"，20 世纪 80 年代早期，推动了对专家系统和知识表示方法的研究，如产生式规则和语义网络。

在这一阶段，AI 的发展遇到了一定的困难。例如，计算机运算能力不足，当时的计算机有限的内存和处理速度不足以解决任何实际的 AI 问题，计算机的算力离智能的要求还比较远。例如，由于内存容量有限，在自然语言方面的研究结果只能用一个含二十个单词的词汇表进行演示。

3. 连接主义和学习阶段（20 世纪 80 年代至 20 世纪 90 年代）

连接主义模型的兴起，强调了神经网络的重要性，并推动了机器学习技术的发展。1986 年，反向传播算法（Backpropagation Algorithm）被提出，这一算法为神经网络的训练提供了有效的方法。20 世纪 90 年代初，支持向量机（Support Vector Machines）等新的机器学习技术被提出并应用于模式识别等领域。

4. 统计学习和数据驱动阶段（20 世纪 90 年代至今）

从 20 世纪 90 年代末开始，互联网的普及带来了大量的数据，推动了统计学习和数据驱动方法的发展。得益于半导体技术的发展，计算机芯片和内存的性能不断突破，根据摩尔定律的描述，计算速度和内存容量每两年翻一番。计算性能上的基础性障碍已被逐渐克服，算力的增加带来了深度学习技术的兴起，特别是基于深度神经网络的方法，取得了巨大的突破。例如，1997 年 5 月 11 日，"深蓝"成为战胜国际象棋世界冠军卡斯帕罗夫的第一个计算机系统。2009 年，"蓝脑计划"成功模拟了部分鼠脑的功能。2011 年，IBM 的"沃森"系统在参加一档知识问答节目时打败了人类选手。2016 年 3 月，AlphaGo 击败韩国棋手李世石，成为第一个不让子而击败职业围棋棋手的电脑围棋程序。2017 年 5 月，AlphaGo 在中国乌镇围棋峰会的三局比赛中击败了当时世界排名第一的中国棋手柯洁。

5. 应用拓展和领域融合阶段（21 世纪初至今）

21 世纪初，AI 技术开始在各个领域得到广泛应用，如自然语言处理、计算机视觉、智能机器人等。随着算法的不断改进和计算能力的提升，AI 在媒体、医疗、金融、交通等行业中的应用越来越广泛。

近年来，出版行业也开始尝试将 AI 技术应用到图书编辑出版的选题策划、编辑校对、营销推广、内容消费等具体工作中，其业务体系和出版流程也随之开始发生变化。另外，AI 技术在数字图书出版流程、数字产品生产研发等方面大展身手，能够为数字出版产品的多种功能版块提供技术支持。

二、AI 技术在图书编辑出版中的应用

（一）选题策划

传统的图书选题策划通常基于编辑的经验、市场调研和作者资源等因素，这些方法存在效率低、成本高等缺点，且容易

受到主观因素的影响。此外，传统方法往往难以充分考虑大量的基础数据信息和读者反馈信息，导致选题的准确性和针对性不足。随着信息量的爆炸式增长和读者需求的多样化，传统方法已经难以满足图书选题策划高效、精准的需求。因此，将 AI 技术引入图书选题策划过程，成为一个备受关注的研究方向。使用 AI 技术进行数据的采集、分析及预测，为图书选题策划提供了新的思路和方法。通过运用数据挖掘技术，编辑可以更科学、精准地进行选题策划，从而提升图书的质量和市场竞争力。尽管 AI 技术在图书策划、审校、营销等方面具有巨大的潜力，但也面临着一些挑战和限制。首先，内容质量是 AI 技术面临的主要问题之一。当前的 AI 模型往往缺乏对文学审美和创作质量的理解，导致生成的文本质量参差不齐，缺乏灵感和创意。其次，原创性是 AI 技术面临的另一个挑战。由于 AI 模型是通过学习大量的数据来生成文本内容，因此很容易出现抄袭或重复的问题，缺乏真正的创意。最后，伦理道德问题也是 AI 技术在图书内容生成与创作中需要解决的重要问题之一。AI 生成的文本内容可能涉及敏感话题、不当言论或不合适的表达方式，可能会引发社会争议和道德困扰。

1. 读者偏好分析

在图书选题策划中，数据挖掘与分析是 AI 技术的核心优势之一。通过对大量读者数据的挖掘，如搜索记录、书评、购买频率等，可以发现读者的阅读习惯、兴趣偏好，进而进行市场趋势分析。这些分析数据为编辑的选题策划提供了参考，使其能够更准确地把握市场需求，策划出更符合读者喜好的图书。

2．市场需求分析

市场需求是编辑进行选题策划时的另一个重要考量因素。数据挖掘技术可以通过分析市场销售数据、阅读趋势、竞争对手情况等信息，帮助编辑更好地把握市场动态。通过对市场需求的深入分析，图书编辑可以及时调整选题策略，推出更符合市场需求的图书产品。使用 AI 数据挖掘技术来分析图书市场需求是一个复杂的过程，涉及多个步骤，下面是一些基本步骤和方法。

（1）数据收集。首先，需要收集与图书市场需求相关的数据。这些数据可以包括某个类型的畅销书销售数据、图书评论、图书阅读量、作者信息、出版社信息、图书类别等。数据的来源可以是公司内部系统、第三方数据提供商、网络爬虫等。

（2）数据清洗和整理。初期收集到的数据往往是杂乱的，包含大量的噪声和重复信息。在进行分析之前，需要对数据进行清洗和整理，去除无效数据、处理缺失值和异常值，使数据变得更加规范。

（3）特征提取。从原始数据中提取出与图书市场需求相关的特征变量。这可能涉及提取出图书的特征信息（如体材、风格、内容等）、作者的信息、出版社的信息等。

（4）模型选择。选择合适的数据挖掘模型来分析目标品类图书市场需求。常用的模型包括聚类分析、关联规则挖掘、分类算法等，根据具体的情况选择最适合的模型。

（5）模型训练与评估。使用已经整理好的数据对选定的模型进行训练，并评估模型的性能。这一步骤可以通过交叉验证、A/B 测试等方法来完成。

（6）结果解释与应用。分析模型的输出结果，理解其中蕴含的图书市场需求信息，并据此制定相应的市场策略和决策。可能涉及图书的定位、推广、定价等方面的数据。

（7）持续改进。图书市场需求是一个动态变化的过程，因此需要不断地监测和分析市场数据，及时调整分析模型和市场策略，以适应市场变化。

3. 内容趋势分析

首先，收集与图书选题相关的数据，包括但不限于社交媒体数据、网络新闻数据、书评网站数据、图书销售数据等。这些数据可以反映当前社会、文化、科技等方面的热点话题和趋势。对收集到的数据进行清洗和整理，从原始数据中提取出与内容趋势相关的特征变量。这可能涉及从文本数据中提取关键词、主题、情感等信息，以及从时间序列数据中提取趋势变化等信息。选择合适的数据挖掘模型来分析内容趋势，常用的模型包括文本挖掘、主题模型、时间序列分析等。分析模型的输出结果，理解其中蕴含的内容趋势信息，包括当前的热点话题、话题的演变趋势、受众关注度等。基于分析结果，可以预测未来的内容趋势，为图书选题提供参考依据。结合内容趋势分析的结果，制定相应的图书选题策略和计划。这可能包括选择与当前热点话题相关的图书主题、确定图书内容的方向和深度等。内容趋势是一个动态变化的过程，因此需要不断地监测和分析内容数据，及时调整分析模型和选题策略，以适应内容市场的变化。

4. 作者评估和选题评估

通过分析作者的历史作品、读者的反馈、市场的反应等数据，机器学习算法可以帮助评估一个新作品的潜在市场价值，这有助于出版社决定是否出版某部作品。

（二）智能审校

图书审校是出版流程中不可或缺的一环，它涉及对图书内容的准确性、完整性和合规性的审核。传统的图书审校主要依赖人工完成，但由于图书种类繁多、数量庞大，人工审校成本高、流程长。近年来，随着 AI 技术的飞速发展，其在图书审校领域的应用范围逐渐扩大。AI 技术通过自然语言处理、机器学习、深度学习等技术手段，可以应用于自动化校对、内容质量评估、主题分类等方面。通过自然语言处理技术，可以自动识别图书中的错别字、语法错误、语义不通顺等问题；通过机器学习和深度学习技术，可以对图书的内容质量进行评估和分类，提高审校的准确性和效率。

1. 自动化校对

自动化校对是 AI 技术在图书审校中的重要应用之一。通过光学字符识别（OCR）技术、自然语言处理（NLP）技术等，智能校对系统可以自动识别图书中的错别字、语法错误、标点错误等问题，并给出相应的提示和建议。这大大减轻了人工校对的负担，提高了校对的效率和质量。同时，自动化校对系统还可以对图书的格式、排版等进行自动检查，确保图书的规范性和美观性。

2. 内容质量评估

内容质量评估是 AI 技术在图书审校中的另一重要应用。通过机器学习和深度学习技术，内容质量评估系统可以对图书的内容进行自动分析和评估，判断图书是否符合出版要求、是否具有市场潜力等。这有助于出版社筛选出优质图书，提高出版物的整体质量。

3. 互联网广告审查

广告审查是智能审校技术的另一个应用领域。随着互联网的普及，广告的数量、种类和形式越来越多，但同时也存在着大量的违规和不良广告。智能审校技术的应用可以帮助数字出版平台快速识别和过滤违规和不良广告，保证广告的合法性和合规性。例如，智能审校系统可以对广告文本进行关键词识别和语义分析，判断广告是否涉及虚假宣传、侵犯知识产权等问题，并给出相应的审核结果。

作为一种图书审校的辅助工具，智能审校技术可以自动处理大量内容，大大缩短审核时间，提高审核质量，可以替代部分人工审核工作，降低审核成本。另外，当前智能审校技术仍处于发展阶段，部分技术尚未成熟，存在一定的误判和漏判概率。智能审校系统还需要适应不同文化背景的文本内容，避免因文化差异导致的误判和漏判。同时，智能审校技术的应用需要遵守相关法律法规，确保内容的合规性，避免侵犯个人隐私。未来，随着技术的不断发展和完善，智能审校技术将发挥更大的作用。同时，我们也需要关注智能审校技术面临的挑战和问题，并采取相应的措施加以完善。

(三) 智能设计、排版

AI 在排版、设计中的应用已经有了一些成功案例。例如，一些排版软件能够根据用户需求和文本特点，自动生成适合的页面布局和字体样式。另外，一些数字排版工具也逐渐引入了AI 技术，为用户提供更加便捷和智能化的排版服务。

基于机器学习技术，通过训练大规模数据集，模型能够学习到排版规则和设计原则，从而实现自动化排版。基于自然语言处理技术，能够利用文本分析和语义理解技术，系统能够理解文本内容，为排版设计提供参考。基于计算机视觉技术，能够分析图像和页面布局，优化版面设计，提高排版效果。

（四）智能营销推广

图书营销推广是图书出版中不可或缺的一环，关系到图书的销量。传统的图书营销推广方式，如广告投放、媒体宣传和线下签售等方式虽然在一定程度上有效，但成本较高且效率低下。近年来，随着 AI 技术的发展，能够通过数据分析、机器学习等技术手段，更精准地定位目标读者。AI 技术可以通过大数据分析、机器学习等技术手段，对读者的阅读习惯、兴趣爱好等进行分析和预测，从而实现精准营销和个性化推荐。同时，AI 技术还可以通过对客户数据的整合和分析，帮助出版机构更好地了解读者需求，优化营销策略，提高营销效率，增强营销效果。

1. 精准营销

精准营销是 AI 技术在图书营销推广中的重要应用之一。通过收集和分析读者的阅读记录、购买行为等数据，可以形成详细的分析报告，从而制定出更加精准的营销策略。

2. 个性化推荐

个性化推荐是 AI 技术在图书营销推广中的另一重要应用。常见的推荐算法包括协同过滤、内容推荐、基于模型的推荐等。系统根据用户的个性化特征和行为数据，运用适当的算法和模型来生成推荐结果，其核心目标是基于收集到的用户数据，建立用户画像，分析读者的兴趣爱好、行为习惯和社交关系等特征，精准地向用户推荐符合其需求的图书，提高读者的阅读体验和满意度，提高图书的销量。以腾讯、阿里巴巴、京东等为代表的企业已经在营销推广中广泛应用 AI 技术，并取得了显著的成效。谷歌的智能广告投放系统可以根据用户的搜索行为和兴趣特征为其精准定向推送广告，提高广告的点击率和转化率。京东的个性化推荐系统可以根据用户的购买历史和浏览行为为其推荐相关图书，增加用户购买意愿和购买频率。京东商城利用自然语言处理技术和用户行为数据实现了智能化的广告投放和客户服务。

（1）用户画像原理。

①数据收集。用户画像的构建首先需要收集用户的各种数据，包括但不限于浏览记录、购买历史、搜索行为、社交互动等。这些数据可以通过网站、移动应用、社交平台等渠道获取。

②数据清洗和整合。收集到的原始数据通常会包含大量的噪声和冗余信息，需要进行数据清洗和整合。清洗数据可以去除异常值和重复数据，整合数据可以将不同来源和格式的数据统一处理。

③特征提取。数据清洗完成后进行特征提取。例如，用户的基本信息（如年龄、性别、地区）、行为偏好（如浏览频次、

购买倾向）、兴趣爱好（如关注的话题、喜好的品类）等。

④特征加权与分析。对提取到的特征进行加权处理，根据特征的重要程度和影响力进行评估和分析。例如，购买历史可能比浏览记录更能反映用户的真实兴趣，因此可以给予较高的权重。

⑤用户分群与标签化。将用户根据其特征进行分群和标签化，将具有相似特征的用户归为一类，并为每个用户群体打上相应的标签，以便后续的个性化推荐。

（2）行为分析原理。

①行为数据收集。行为分析侧重于用户在平台上的各种行为，如浏览、点击、购买、评价等。这些行为数据可以通过日志记录、Cookie 追踪、事件跟踪等方式收集。

②行为建模。将收集到的用户行为数据转化为数学模型，分析用户行为的规律和模式。常用的行为建模方法包括马尔可夫链、决策树、关联规则挖掘等。

③行为特征提取。根据用户的行为数据提取特征，包括但不限于行为频次、时间间隔、行为序列、行为路径等。这些特征可以反映用户的行为习惯和偏好。

④行为分析与挖掘。基于提取到的用户行为特征，进行行为分析和挖掘，发现用户的行为模式和规律。通过分析用户的行为路径和转化过程，可以了解用户的兴趣和需求，为个性化推荐提供依据。

⑤实时响应。根据行为分析的结果，实时响应用户的行为，向用户推荐符合其兴趣和需求的产品或内容，提升用户体验。

3．读者管理与服务

通过对客户数据的整合和分析，AI 技术可以帮助出版机构更好地了解读者的需求和偏好，从而提供更加个性化的服务和产品。同时，AI 技术还可以对读者的反馈和评价进行分析，帮助出版机构及时发现问题并进行改进，提高读者满意度。还可以基于出版机构的图示数据创建智能客服系统，通过自然语言处理技术实现智能化的对话和沟通，实现全天 24 小时提供服务，解决读者问题，提高读者满意度。同时，智能客服还可以通过对用户的问题和反馈数据的分析，为企业提供更加精准的营销策略和服务优化建议。

三、AI 技术存在的问题

AI 在为出版编辑工作提供助力的同时，也带来了一系列问题。图书作为一种精神文化产品，其质量与作者、编辑的综合素质有着密切的关系，编辑的编校能力、策划能力、管理能力和关键的创新能力对图书的品质起着至关重要的作用。❶ AI 无法深入理解文化背景、读者情感等因素，也无法做出有关艺术性、创新性或道德性的决策。

（一）出版物同质化

AI 的语言模型是基于大量的数据学习和训练生成的，虽然可以根据语言模型生成人类语言，却没有人类的情感和情绪。因此，过分依赖 AI，由机器主导整个编辑过程，可能会导致出

---

❶ 戴琳. 当人工智能走进出版行业［J］. 文化产业，2024（2）：100-102.

版物缺少特色，难以引起读者的兴趣。此外，数字出版领域内智能语言模型的应用还可能引发虚假新闻、信息过载、出版内容信息黏性缺失等问题。AI 技术的模型是基于大数据训练，使用频次越高，越有可能被 AI 所引用，因此，AI 过度参与编辑工作可能导致内容同质化，即很多文章、书籍的内容可能会越来越相似。对于相同或类似的话题，AI 会输出相似的结果，容易造成内容同质化。

（二）算法"黑箱"和著作权争议

在生成式 AI 的算法、算力、算据等关键要素中，算据是核心竞争力。训练算据的数据越丰富多样，生成内容也就越准确。然而，大多数 AI 公司对训练数据的来源保密，缺乏透明度。一些企业主要依靠抓取良莠不齐的网络数据进行训练，但是随着数据库规模的增大，网络资源难以满足急剧扩张的数据集对优质数据的渴求，一些企业已经开始将目光投向报纸、图书等版权密集型资源。因此，人工智能在搜寻数据时很可能在不经意间引发侵权风险。另外，AIGC 的训练数据需要经过清洗、筛选等操作变成算据，再通过运算生成最后的内容，这一基于深度学习的过程属于"黑箱"，用户无从知晓其具体运作。出版机构的编辑和版权专家因为不了解算法的原理和机制而成为"技术小白"，在审稿把关过程中很难判定版权使用情况。

案例一：国内 AI 生成图片相关领域著作权第一案

2023 年 8 月，北京互联网法院针对人工智能生成图片（AI 绘画图片）著作权侵权纠纷作出一审判决。❶

原告李某使用 AI 生成涉案图片后发布于小红书平台；被告系百家号博主，发布文章配图时使用了原告使用 AI 生成的图片，原告遂起诉。

北京市互联网法院审理认为涉案人工智能生成图片（AI 绘画图片）具备"独创性"要件，体现了人的独创性智力投入，应当被认定为作品，受到著作权法保护。

1. 关于智力成果的认定

"从原告构思涉案图片起，到最终选定涉案图片止，从整个过程来看，原告进行了一定的智力投入，如设计人物的呈现方式、选择提示词、安排提示词的顺序、设置相关的参数、选定哪幅图片符合预期，等等。涉案图片体现了原告的智力投入，故涉案图片具备了'智力成果'要件。"

分析定义中的必备要素：符合要素即享有其所属的权利。

2. 关于"独创性"的认定

"原告对于人物及其呈现方式等画面元素通过提示词进行了设计，对于画面布局构图等通过参数进行了设置，体现了原告的选择和安排。另外，原告通过输入提示词、设置相关参数，

---

❶ 安平，王子钦. 破冰：首例人工智能文生图案生效——北京互联网法院探索为"AI 文生图"著作权划定边界［EB/OL］.（2024-02-15）［2025-04-01］. https://www.chinacourt.org/article/detail/2024/02/id/7796864.shtml.

获得了第一张图片后，其继续增加提示词、修改参数，不断调整修正，最终获得了涉案图片，这一调整修正过程亦体现了原告的审美选择和个性判断……涉案图片并非"机械性智力成果"。在无相反证据的情况下，可以认定涉案图片由原告独立完成，体现出了原告的个性化表达。综上，涉案图片具备"独创性"要件。

3. 关于作品的认定

"人们利用人工智能模型生成图片时……本质上仍然是人利用工具进行创作，即整个创作过程中进行智力投入的是人而非人工智能模型。鼓励创作，被公认为著作权制度的核心目的……人工智能生成的图片，只要能体现出人的独创性智力投入，就应当被认定为作品，受到著作权法保护。"（人操作机器，人投入智力思考）

4. 关于美术作品的认定

"涉案图片是以线条、色彩构成的有审美意义的平面造型艺术作品，属于美术作品。同时，涉案图片在可以归属到具体作品类型时，没有适用'其他作品条款'保护的必要性，其不属于'符合作品特征的其他智力成果'。"

5. 关于著作权的认定

"原告是直接根据需要对涉案人工智能模型进行相关设置，并最终选定涉案图片的人，涉案图片是基于原告的智力投入直接产生，且体现了原告的个性化表达，故原告是涉案图片的作者，享有涉案图片的著作权。"

争议点

1. AI 生成图片是否构成作品

根据《中华人民共和国著作权法》（以下简称"《著作权法》"）第三条的规定，本法所称的作品，是指文学、艺术和科学领域内具有独创性并能以一定形式表现的智力成果。因此，判断原告通过 Stable Fusion 生成的图片是否构成作品，需要判断该图片是否满足"智力成果"要件及"独创性"要件。

关于涉案图片是否满足"智力成果"要件，法院认为，在该图片创作过程中原告进行了一定的智力投入，如设计人物的呈现方式、选择提示词、安排提示词的顺序、设置相关的参数、选定哪幅图片符合预期等，体现了原告的智力投入，故涉案图片具备了"智力成果"要件。

关于涉案图片是否满足"独创性"要件，法院认为，通常来讲，"独创性"要求作品由作者独立完成，并体现出作者的个性化表达。"机械性智力成果"应当排除在外。例如，按照一定的顺序、公式或结构完成的作品，不同的人会得到相同的结果，因表达具有唯一性，因此不具有独创性。而利用人工智能生成图片，是否能体现作者的个性化表达需要个案判断。法院认为，由于在庭审中原告通过变更个别提示词或者变更个别参数，生成了不同的图片，可以看出，利用该模型进行创作，不同的人可以自行输入新的提示词、设置新的参数，生成不同的内容。因此，涉案图片并非"机械性智力成果"。在无相反证据的情况下，可以认定涉案图片由原告独立完成，体现了原告的个性化表达。因此，法院认为涉案图片具备"独创性"要件。

综合上述分析，法院认为涉案图片构成作品。

2. 原告是否享有涉案图片的著作权

法院认为，本案原告是直接根据需要对涉案人工智能模型进行相关设置并最终选定涉案图片的人，涉案图片是基于原告的智力投入直接产生，且体现出了原告的个性化表达，故原告是涉案图片的作者，享有涉案图片的著作权。

同时，法院指出，《著作权法》第十一条规定："创作作品的自然人是作者。由法人或者非法人组织主持，代表法人或者非法人组织意志创作，并由法人或者非法人组织承担责任的作品，法人或者非法人组织视为作者。"因此，作者限于自然人、法人或非法人组织，人工智能模型本身无法成为《著作权法》上的作者。此外，涉案人工智能模型的设计者亦不构成涉案图片的作者，原因在于该设计者的智力投入体现在人工智能模型的设计上，而非涉案图片。

3. 被告是否构成侵权

本案中原告主张被告未经许可使用涉案图片并且截去了其小红书平台的署名水印，侵害原告对涉案图片享有的署名权和信息网络传播权。根据《著作权法》第十条规定："署名权，即表明作者身份，在作品上署名的权利；信息网络传播权，即以有线或者无线方式向公众提供作品，使公众可以在其个人选定的时间和地点获得作品的权利。"

法院认为，本案中被告未经原告许可使用涉案图片作为配图并发布在自己的账号中，使公众可以在其选定的时间和地点获得涉案图片，侵害了原告就涉案图片享有的信息网络传播权。此外，根据原告提交的证据及行业惯例，涉案图片从小红书平台上下载后应当加载有平台和用户编号的水印，而被告使用的被诉图片未显示有上述水印，可以推定上述水印已被消除，且被告作为被诉图片的使用者无法说明被诉图片的具体来源和水印去除情况，可以认定水印系被告去除。本案中原告明确表示选择该用户编号作为自己的署名（尽管该用户编号是平台分配的，但与原告存在对应关系），法院认为被告去除水印的行为侵害了原告的署名权，应该承担侵权责任。

4. 判决结果

本案最终判决被告应在其百家号"我是××××"上发布声明向原告赔礼道歉，持续时间不少于 24 小时；被告应于判决生效之日起七日内赔偿原告经济损失 500 元。

第三章

虚拟现实技术(VR)与增强现实技术(AR)：创新出版体验

一、VR 与 AR 的基本原理

(一) 虚拟现实

VR 由计算机、应用软件系统、输入输出设备、使用者和数据库等系统组成，是美国 VPL 企业的创立者杰伦·拉尼尔在 20 世纪 80 年代初期提出的。其主要特点是以电脑软件与硬件资源为载体，提供给使用者一种虚拟环境，让使用者直接置身于这种三维资讯空间，借助于对应的 VR 装置，透过各种资源在虚拟现实环境中自由互动，达到身临其境的感受体验。随着计算机技术的进步，在航空航天、房地产、医疗行业、会展展馆、智慧校园等领域，虚拟现实技术得到了广泛的应用，所以虚拟展馆也体现了优越性，显示出视觉上的良好感受。❶

VR 系统可分为非沉浸式、沉浸式和分布式三大类。

---

❶ 韩彩彩. 基于 VR 技术的虚拟展馆设计研究 [J]. 科技创业月刊，2023，36 (8)：190-192.

1. 非沉浸式 VR 系统

使用者操纵设备与虚拟环境进行交互，这种 VR 系统通常被称为非沉浸式虚拟现实系统（Non-Immersive VR System），又称桌面式或窗口式虚拟现实系统。由于在与现实世界十分相似的虚拟世界中能够提供实时的可视化和互动，有助于提高教学活动的效率，非沉浸式 VR 逐渐在现代教育中普及开来。同时，桌面式 VR 可及性强，学生在 PC 端或移动端即可以完成实验，不受时间和空间的限制。

2. 沉浸式 VR 系统（Immersive VR System）

能够帮助使用者完全融入并感知虚拟环境，获得存在感。一般有两种途径实现系统功能：洞穴自动虚拟环境（Cave Automatic Virtual Environments，CAVE）和头戴式显示器[1]，同时配备运动传感器以协助进行自然交互。与非沉浸式 VR 相比，有学者发现沉浸式 VR 可以使使用者拥有更好的记忆能力。2019 年最新研究表明，使用者更加关注深度沉浸体验的附加任务，空间意识感对于使用者记忆至关重要。但沉浸式 VR 对使用终端要求较高，对软件的交互体验和质量要求也较高。

3. 分布式 VR 系统（Distributed VR System）

通过互联网络使多地使用者能够实时交互，共享相同虚拟世界。虚拟世界不独立存在，运行于网络连接的多个计算机系统，对使用者端的网络环境及服务器的数据处理能力要求较高。

---

[1] 杨青，钟书华. 国外"虚拟现实技术发展及演化趋势"研究综述 [J]. 自然辩证法通讯，2021，43（3）：97-106.

（二）增强现实

作为 VR 的衍生技术，AR 是在 VR 的基础上发展出的新技术，是通过在现实世界中进行三维注册，并将虚拟信息置入到三维位点上，最后由显示设备显示出来，能够加深使用者对于现实的认知能力，类似于虚实结合的技术，空间中既存在实体的世界，又存在虚拟的物体。[●] 近年，技术革新显著提升了 AR 的实用性与沉浸感。例如，5G 网络的高带宽与低延迟特性使 AR 内容的实时传输成为可能，而边缘计算和 AI 算法的融合（如谷歌的 Project Soli 手势识别技术）大幅优化了交互体验。此外，硬件方面，AR 头显正朝着轻量化和高分辨率方向发展，同时采用 Micro-OLED 等新型显示技术提升视觉真实感。

AR 作为 VR 的衍生技术，通过将虚拟信息与真实环境实时融合，实现了虚实结合的三维交互体验。其核心技术包括三维注册、环境感知与实时渲染，能够通过摄像头、传感器等设备捕捉现实场景，并在用户视野中叠加虚拟对象或信息，从而扩展用户对现实的认知维度。与 VR 完全沉浸于虚拟空间不同，AR 更注重虚拟内容与现实世界的无缝衔接，广泛应用于教育、医疗、工业、零售等领域。

一个完整的 AR 系统至少有三个部分：跟踪、注册和显示。

1. 跟踪

系统在真实场景中根据目标位置的变化来实时获取传感器

[●] 焦泽宇. 浅析增强现实技术及其应用 [J]. 通讯世界，2019，26（1）：287-288.

位姿，并按照使用者的当前视角重新建立空间坐标系并将虚拟场景渲染到真实环境中准确位置的过程叫作跟踪。常见的 AR 追踪类型包括 AR 平面追踪、AR 图像追踪、AR 实物追踪三种类型。●

（1）AR 平面追踪，即以真实世界的任意平面为参考物的追踪效果，包括扫描真实的地面、桌面等平面，并在其相对位置出现 AR 内容的场景都属于平面追踪的范畴。

（2）AR 图像追踪，即以自然图像为参照物的追踪效果，包括我们常见的扫描海报、名片、明信片与 DM 单（直接邮寄广告）等平面图片素材，并在其相对位置出现 AR 内容的场景都属于图像追踪的范畴。

（3）AR 实物追踪，即以立体的物体为参照物的追踪效果，包括扫描真实的易拉罐、酒瓶等立体的实物，并在其相对位置出现 AR 内容的场景都属于实物追踪的范畴。

2. 注册

虚拟场景准确定位到真实环境中的过程称为注册，其技术主要分为基于计算机视觉和基于硬件传感器的两大类。基于计算机视觉的跟踪注册技术包括基于标志物和无标志物的方法。

（1）基于标志物的三维跟踪注册方法，通过在现实场景中预先放置标识物（如二维码），利用摄像机识别标志物并获取其顶点信息，通过仿射不变性原理重建坐标变换矩阵，完成虚拟信息的跟踪注册。这种方法精度高，但依赖预先设置的标志物。

● 韩玉仁，李铁军，杨冬. 增强现实中三维跟踪注册技术概述 [J]. 计算机工程与应用，2019, 55 (21): 26-35.

（2）无标志物的三维跟踪注册方法则通过提取模板图像和实时帧中的特征点集，利用特征点匹配关系计算摄像机的空间位姿，完成注册。其优点是不需要预先放置标志物，直接利用场景的自然特征实现跟踪，灵活性更高，但对环境特征依赖较强。

基于标志物的方法适合可控环境，而无标志物方法更适用于动态或复杂场景。随着计算机视觉和传感器技术的进步，AR注册精度和实时性将进一步提升。

3. 显示

通过 VR/AR 构建的虚拟世界主要在于视觉、听觉和动作交互，而要实现这些，需要依靠硬件、相应软件系统、软件内容的支持。

硬件支持可分为输出设备、输入设备和其他辅助外设三大类。

VR/AR 的输出设备一般是头戴显示器。头戴显示器覆盖使用者的眼睛以提供视觉信息，同时耳机作为辅助设备提供听觉信息，使用者戴上后即可沉浸到虚拟的世界中。输入设备主要是各种基本的动作交互设备，如游戏手柄、VR 全显相机等。如果说头戴显示器是带使用者进入虚拟世界，那么动作交互设备就是让使用者在虚拟世界中活动，所以这类设备是不可或缺的。其他辅助外设是各种花样繁多的动作交互设备，这一类设备是额外的，具有特殊的功能，能够对使用者的体验起到加强作用。❶

---

❶ 杨庆，陈钧编. 普通高等教育"十四五"规划教材虚拟现实技术及应用 [M]. 北京：冶金工业出版社，2022.

VR 是利用电脑模拟产生的完全数字化的虚拟世界，提供使用者关于视觉、听觉和触觉等感官的模拟，让使用者如同身临其境一般，可以没有限制地观察三维场景。

AR 系统与 VR 系统略有区别，三维显示部分相差不大，核心是增加的视景融合部分软硬件。常见的 AR 系统，包括两大部分：三维场景、跟踪系统。其中跟踪系统将场景中的虚拟对象注册到相机捕捉到的实际场景中，合并后从一个图像输出。❶

VR 与 AR 的异同点。

VR 与 AR 的相同点在于它们都采用了 VR 技术，即通过计算机生成三维图像和声音等虚拟元素，使使用者能够身临其境地感受和操作虚拟环境中的对象。具体来说，它们都能够在使用者眼前生成一个虚拟的世界，使用者能看到、听到甚至摸到这个虚拟的世界中的元素，带给人身临其境的感觉。在交互体验方面，AR 和 VR 能够使使用者与虚拟环境中的对象进行交互。例如，通过手柄、控制器或者手势来操作虚拟物体，使使用者能够更加自然地与虚拟环境进行交互。

而 VR 与 AR 最主要的不同点在技术上。VR 是通过计算机生成的虚拟环境将使用者完全沉浸其中，使用者通过佩戴特殊的 VR 头盔（如 Oculus Rift、HTC Vive）进入一个由计算机生成的全新世界，与现实世界完全隔离。而 AR 则是在现实环境中叠加虚拟物体或信息，使使用者在真实世界中感受到虚拟内容与现实环境的结合。在互动上，VR 技术是让使用者沉浸在虚拟的

---

❶ 苏凯，赵苏砚. VR 虚拟现实与 AR 增强现实的技术原理与商业应用 [M]. 北京：人民邮电出版社，2017.

世界中互动，没有现实的物体作为支撑。而 AR 技术能够让使用者是实现在现实环境与虚拟物体进行交互，如 AR 试妆。

二、VR 与 AR 在出版业中的应用

VR 技术的应用主要集中于教育培训、电子游戏、艺术创作、考古与遗迹保护、建筑与城市设计等领域，在出版业应用的主要是桌面式 VR 系统。AR 技术在出版业主要应用在 3D 模型建立、AR 编辑器运用和图像识别显示三个核心领域，主要应用在 AR 图书、AR 游戏和知识服务系统平台中。❶ 简单来说，VR 技术借助头戴式设备等工具能够为读者提供一个沉浸式的空间场景，让读者沉浸其中，而 AR 技术是使书中的物体以三维立体的形态展现在读者面前，让读者对书中物体有更加真实的认识和了解。

根据产业构成划分，我国出版业上游包括内容提供、印刷、出版物资供应等；行业中游包括图书出版业、期刊、报纸等；行业下游主要为图书发行、零售、数字内容授权等。VR 与 AR 在出版业的应用也贯穿于出版行业的上、中、下游。

（一）在出版上游产业的应用

VR 与 AR 在出版上游产业的应用在于出版物开发时，改变了传统出版生产内容的方式。传统出版的编辑流程要经过包括信息采集、选题策划、组稿、审稿在内的多个环节，而要应用 VR/AR 技术在出版物中，需要在选题策划环节时，即开始构思

---

❶ 何晓青. AR 技术在融合出版中的探索与运用——以《沈石溪画本·融媒体出版工程》为例 [J]. 传播与版权，2023，（13）：19-21.

出版物需要什么内容，可以进行哪一方面的开发，又以何种形式展示给读者。

在出版上游产业，VR/AR 技术主要被应用于图书出版策划和设计环节。在策划阶段，可以利用 VR 技术模拟图书中的场景，让编辑能够更加直观地感受和理解图书的背景、氛围和情节，从而更好地进行选题策划和内容设计。在设计阶段，可以利用 VR 技术创建虚拟的角色模型，让书中角色更加形象，使编辑能够更加深入地了解角色的性格和行为特征，从而更好地进行角色设计和情节安排。在策划和设计阶段，可以利用 VR 技术构建虚拟的故事线，让编辑能够更加全面地了解整个图书的故事情节和发展走向，从而更好地进行情节安排和内容设计。

VR/AR 技术可以帮助编辑在选题策划、组稿、审稿、设计等环节中实现创新。例如，编辑开发一种 VR/AR 图书产品时，不仅要立足于文字内容，还要从技术的角度出发。开发高质量的 VR/AR 图书产品，对网络环境和软硬件的要求较高，开发成本昂贵，因此开发 VR/AR 图书产品必须在从策划开始的每一环节上保证技术使用的准确性和兼容性，为此编辑在开发过程中需要适时地寻求专业技术人员的协助。

阅读文字能够使读者在脑海中自行构想一个互动场景，而 AR/VR 技术的加持，能够使书中场景和角色真实地出现在读者的眼前，让读者开启沉浸式的体验。沉浸式场景在内容设计的基础上，实现读者行为交互、情绪表达和情感互动的具体体验。基于 AR/VR 技术提供虚拟场景，出版机构可以为读者打造沉浸式场景，提供新的体验。沉浸式场景生产可以借助三维空间场景合成、智能语言感知系统和空间感知系统等技术，实现虚实结合的场景呈现，实现基础内容资源的搭建。❶ 通过打造内容场景、插入互动情节、引导情感，建立出版物与读者的情感连接。

虚拟场景的打造，离不开原始的文字内容。出版机构作为内容生产者具有丰富的资源，可以借助这一优势，依托内容方面的基础与技术平台公司联手开发出版产品，打造出新的出版物形态。另外，一些科技公司也在尝试将 AR 技术运用于教材出版，通过 AR 眼镜等设备，学生们可以看到立体的实验场景，从而更好地理解和掌握知识。这种应用在科学、技术、工程和数学（STEM）教育领域特别受欢迎。

（二）在出版业中游产业的应用

VR/AR 技术在出版产业中的应用在于提升出版物的价值和阅读体验，促进出版业向智能化和个性化方向发展。

随着数字传播时代的来临，传统出版行业正在转向数字出版。在这个过程中，许多出版物开始使用 VR/AR 技术，将虚拟现实和纸质书本相融合，读者可以通过不同的智能移动终端感受 VR/AR 技术带来的身临其境的阅读体验。VR/AR 技术与传统出版物的结合，能够推动出版业向数字化转型。

通过将 VR/AR 技术应用于出版产品，可以将纸质图书与音频、视频等数字媒体形态聚合到一个产品（一个工具或一个平台）上，通过互动和身临其境的阅读体验，把纸质媒体和数字媒体的优点有效的集成起来，重塑了数字出版的媒体形式和知识传播模式，使得图书内容更加直观、更易于理解，由此，出

---

❶ 万新娜. VR/AR 出版物场景化内容生产路径探析 [J]. 中国编辑，2021（4）：31-34.

版单位可以利用 VR/AR 技术的加持来增强出版物价值。

VR 技术可以用于创造新颖的移动阅读客户端，例如，Vive-paper 技术把 VR 和 AR 整合到了同一个硬件平台，并将 VR 阅读与融媒体相结合，为读者提供了 360 度全景照片、视频、3D 模型、2D 图文及音频等互动内容。目前，该技术可以将大量现存的书籍、杂志、报纸、期刊等现实内容带到 VR 世界中。

VR/AR 技术也可以将传统出版物转化为具有增强现实体验的数字出版物。

图书方面，通过 AR 技术，读者可以在手机或平板电脑上扫描 AR 图书的页面，从而看到动态的、立体的内容，如三维模型、动画、视频等，增强读者的阅读体验。AR 图书的应用范围广泛，包括儿童图书、科普图书、教育教材等。辽宁少年儿童出版社《AR 全景看·国之重器》系列丛书配以 300 余幅精美彩图，借助 AR 技术，让复杂的科学原理动起来。传统的少儿出版物主要依赖于纸质书籍及父母或教师的陪伴和引导，儿童需要逐页翻阅书籍，通过文字和图片的呈现来理解故事或主题，并尝试将它们关联起来以获得完整的阅读体验。然而，这种方式往往对儿童来说是一种挑战，有时候他们难以理解故事，从而失去阅读的兴趣。而通过 AR 技术，孩子们可以通过手机、平板电脑等电子设备扫描图片，使图书中的场景跃然于纸上，平面的内容立体化，调动孩子的阅读兴趣，也能更好地传递知识。

期刊方面，通过开发移动端 App 嵌入 AR 技术，读者可以通过 AR 应用扫描期刊的页面，看到相关的视频、图片等内容，增加阅读的互动性和沉浸感。我国首例运用新技术的医学期刊《创伤与急诊电子杂志》在 2018 年真正意义上实现了 AR 和 VR

技术与办刊的结合，该刊配套制作了《创伤与急诊电子杂志》移动端 App。读者通过二维码进行下载，下载之后进入 AR 识别界面，通过使用移动电子产品扫描杂志纸质导读本或者数字出版内容中的图片，即可快速识别并在屏幕上观看三维立体图像及演示影像。医学期刊中嵌入 AR 和 VR 技术，实现静态信息传递方式向交互传递方式的转变，通过调动视觉、听觉、触觉等多感官，为合格医师的培养提供更为专业的学习内容。

广告方面，AR 技术可以为广告业提供更具吸引力和创新性的广告形式。通过 AR 技术，读者可以在手机或平板电脑上看到虚拟的产品演示、品牌展示等内容，增强广告的互动性和体验感。例如，为了实现无界零售的未来，京东从 2016 年就开始在 AR 电商领域布局，经过两年的高速发展，京东 AR 已经构建了全方位的体系和丰富的能力。除了在人脸识别、图片跟踪、渲染引擎等多种 AR 技术能力，还在京东商城上推出了 AR 实景购物、虚拟试妆、虚拟试衣、虚拟试鞋等多种 AR 产品，为超过 200 个合作品牌提供了丰富的 AR 购物场景，从现场公布的数据来看，使用 AR 功能后使用户页面停留时长提升 15.20%，使用户有效订单转化率提升 19.20%。❶

VR/AR 技术在数字出版领域的应用可以带来更丰富、更有趣的阅读体验，能够增加读者的参与度和黏性，为出版业带来新的商业机会和发展空间。

---

❶ 量子位. 用 AR 提升电商体验，京东推出 AR 试妆镜、AR 试衣镜和 AR 智能眼镜 [EB/OL]. 量子位微信公众号（2018-05-22）[2025-01-20]. https://mp.weixin.qq.com/s/9N9FhlMkH-Mi2f8uor6VFw.

(三) 在出版业下游产业的应用

在传统的出版流程中，出版业下游产业也就是发行环节，主要是将出版物通过各种渠道和方式传递给读者，包括书店、图书馆、书展、网上书店等。而在引入 VR/AR 技术后，出版物的呈现形式可以得到极大的拓展。例如，在线下公共图书馆和书展这类能摆放 VR 体验设备的场所，读者可以通过 VR/AR 技术将虚拟元素与纸质出版物相结合，获得更加丰富和互动的阅读体验。

目前，VR/AR 技术在出版业下游产业中的应用主要体现在儿童出版和教育出版的发行环节。在儿童出版领域，VR/AR 技术使阅读体验更加生动、有趣，能够满足儿童的好奇心和思维模式，将阅读转化成集知识学习、游戏体验和阅读乐趣于一体的浸入式阅读。同样地，在教育出版领域，VR/AR 技术让学生能够更直观地理解课堂教学内容，帮助学生更好地理解和掌握知识点，从而提高学习效果。VR 与 AR 技术在发行环节的应用能够全方位地展示出版物形象，使得出版物的呈现形式更加丰富和多元化，也帮助出版商实现更加精准的市场营销。

此外，VR/AR 技术可以将传统出版物与数字媒体形态进行聚合，通过互动和身临其境的阅读体验，把纸质媒体和数字媒体的优点集成起来。成都武侯区图书馆的"科幻世界阅创中心"是成都首个公共"科幻图书馆"，它集科幻阅读、科幻文创、科技体验等丰富的阅读新场景于一体。馆内配备科幻图书2000余册，设置了科幻世界展示区、科幻文创收藏展示区、幻影空间视听/直播室、科幻触摸光影互动体验区等，可进行 VR 设备体验，实现图书与 VR 技术相结合，大大提升读者参与感。

在新技术的推动下，VR/AR 出版物具有了一定的市场规模，但短板依旧显著，如 AR 出版物输出展示端不完善，使用者交互体验不够友好；图书价格比普通图书贵 1—4 倍甚至更高，将 VR/AR 技术成本间接转移给读者；AR 模型制作，尤其是虚拟建模价格居高不下，甚至呈现出畸高的状态；AR 图书所关联的 App 信息安全监管存在隐患，等等。❶

三、VR 与 AR 如何提升阅读体验

（一）从情感体验上

VR 技术可以模拟出版物内容描述的环境中的声音和立体声效，更加真实地感受虚拟环境中的氛围和交互效果，为读者创造一个完全沉浸式的阅读环境，将读者带到书中的场景和环境中。这种沉浸式的体验可以增强读者对内容的理解和记忆，帮助读者产生情感共鸣，让阅读变得更加有趣味性，也能加深读者对出版物的印象。VR 技术还可以根据读者的个人喜好和阅读习惯，为读者提供个性化的阅读体验。通过分析使用者的兴趣爱好和阅读历史，利用 VR 技术可以推荐使用者可能感兴趣的书籍。同时，还可以根据使用者在 VR 环境中的阅读行为，例如，使用者停留时间、翻页次数等，进一步推荐适合使用者的书籍。

AR 技术可以给真实环境提供补充信息，它被认为是一种混合现实，介于完全虚拟与完全真实之间的技术。它能够让书籍

---

❶ 张新新，刘华东. 出版+人工智能：未来出版的新模式与新形态——以《新一代人工智能发展规划》为视角［J］. 科技与出版，2017（12）：38-43.

中原本静态的图像"活"起来，同时，读者依旧可以体验纸张材质、翻阅形式带来的现实感知。阅读这本书的读者并不是在"看"书，而是在"体会"书，这种介于虚拟与真实之间的阅读方式创新，将虚拟世界带入了日常现实，让阅读更加富有乐趣。❶

（二）从互动体验上

VR 技术使用者可以通过手柄等设备与虚拟环境进行交互，如操作物体、与角色进行对话等。同时，使用者还可以在虚拟环境中自由移动，观察和感受虚拟场景的细节和氛围。读者利用手柄、头戴显示器等设备阅读时，可以实现读者与"书"的互动，让读者在阅读过程中进行选择、探索，甚至与故事中的角色进行互动。这种交互式的阅读体验可以增加读者的参与感和主动性，丰富读者的阅读体验，提升阅读的趣味性。

AR 技术可以将虚拟信息叠加到真实环境中，使读者在现实世界中感受到虚拟信息的存在。在阅读领域，AR 技术可以将书本中的文字、图片等元素以更生动、立体的方式呈现给读者，让读者有更深入的沉浸感和理解。例如，在阅读童书时，书中的人物、文字、物品等元素可以从二维变成三维，满足儿童的心理期望，立体的形式能够为儿童提供更有趣味性的阅读体验，提升儿童的阅读兴趣，培养阅读兴趣。AR 技术可以以动态的方式呈现书本中的内容，让读者感受到更加生动、立体的视觉效果。例如，当阅读历史书籍时，AR 技术可以将历史事件以动态

---

❶ 薛璇，朴美善. 虚拟阅读创新形态分析——基于 AR 技术的书籍阅读方式研究［J］. 出版广角，2019（2）：47-49.

场景的方式呈现在读者眼前，让读者有更直观、更生动的感受。

除了上述讲到的 VR/AR 技术在出版物中作为辅助内容展现的作用外，还有更具互动娱乐性的玩法。AR 寻宝是一种将 AR 技术与传统出版物相结合的互动游戏，旨在为读者带来更加丰富、趣味性的阅读体验。通过 AR 技术，读者可以扫描出版物中的特定图片或文字，从而解锁隐藏的虚拟元素和互动体验，如动画、音效、游戏等。同时，AR 寻宝也可以作为一种营销手段，吸引读者的注意力并提高他们对出版物的购买意愿和忠诚度。

目前，AR 在童书上的应用已经十分常见，AR 绘本具有超强的互动性，能提供全新的阅读体验，满足幼儿的阅读需求，大大弥补传统纸质绘本的不足。同时，由于大部分虚拟技术加持的图书都涉及电子设备的操作，需要家长陪同阅读，一定程度上促进了亲子阅读。

（三）从学习体验上

VR/AR 技术可以通过计算机生成三维图像，使读者可以看到虚拟环境中的场景和物体，以更加生动、立体的方式呈现书本中的文字、图片等元素，让读者感受到更真实、更丰富的视觉效果。例如，当阅读科学类书籍时，VR/AR 技术可以将科学实验的过程以三维立体的方式呈现在读者眼前，让读者更加真实地"参与"到实验中，对科学知识的学习和了解更加深入。

在阅读领域，VR/AR 技术可以在真实环境上添加各种虚拟信息，如文字、图片、视频等。这个过程需要通过 3D 渲染技术来实现，将虚拟信息与真实环境相结合，形成一个统一的图像。

将书本中的文字、图片等元素以更灵活、立体的方式呈现给读者，让读者有更深入的沉浸感和理解。例如，在阅读童书时，书中的人物、文字、物品等元素可以从二维变成三维，满足儿童的心理期望，立体的形式能够为儿童提供更有趣味性的阅读体验，提升儿童的阅读兴趣，培养阅读兴趣。

四、应用实例：VR 与 AR 在教育出版物中的使用

（一）VR 与 AR 在传统教育出版物中的使用

人民教育出版社（以下简称"人教社"）积极响应并作出尝试，以人教版小学《英语》三至六年级为试点，推出 AR 英语教材，与以往的 AR 教材需要下载专门对应软件不同，此次人教社选择了腾讯的 QQ-AR 平台❶，在该平台的技术基础之上，进行针对性的开发。

开发阶段，需要对每个单元的主要对话场景、人物进行建模，以实现读者使用手机"扫一扫"之后，能够看到人物动态移动，随后再将对话内容进行录音。然后将这些内容上传至 QQ-AR 平台，与教材中相对应场景进行适配。当学生使用手机 QQ 扫描对应单元的目标图时，便可以在纸质页面上叠加出现相应特效。

《高中地理图文详解地图册》推出北斗 AR 地图 App，只需购买正版图书，用手机扫描封底的二维码，根据提示下载客户端 App，并使用验证码激活后，即完成了操作，就能开始自主沉

---

❶ 张子欣. 人教社：AR 技术+教育出版，融合思考［J］. 印刷技术，2021（6）：19-20.

浸式的地理学习。北斗 AR 地图 App 中通过三维立体模型，将需要有一定的空间感、立体感的知识，以动态动画的演示效果，真实地还原了地理知识原理形成的过程，进而帮助学生形成深刻的记忆。

（二）VR 与 AR 在数字教育出版物中的使用

1. VR 知识服务产品

VR 知识服务产品是一种利用虚拟现实技术来提供知识服务的产品，它通过模拟真实场景或事物，为使用者提供更加真实、生动和实用的知识服务体验。

海洋出版社制作的"海洋科普 VR 交互体验系统"是针对大众对海洋科普知识的迫切需求，利用 VR 技术，重点围绕生态文明主题开发的海洋科普知识服务产品。通过 VR 技术展示各具特色的海洋地理风貌，展示不同场景特有的海洋生物，设定特殊的故事情节，带领使用者不断地深入了解海洋，一览海洋风光，沉浸式地学习相关的海洋知识，同时感受全球变暖与环境污染对海洋生态的影响，培养人们对海洋珍稀资源和海洋生态环境的保护意识。通过 VR 技术展现不同的海洋场景，通过丰富海洋科普宣传教育手段和形式，弥补传统海洋科普教育资源内容单一、吸引力不强的弱点，让使用者 720° 体验真实的海洋世界。通过 VR 技术特有的互动体验充分调动使用者的眼、耳、手、脑等感官，让使用者沉浸于海洋世界，拓展使用者想象空间，同时在虚拟情况下帮助使用者近距离接触各种不同的海洋生物，达到全新的视听体验，为提升全民海洋意识、推动海洋文化事业和海洋文化产业发展提供新动能。

中国农业科学技术出版社推出"苹果种植栽培 VR 实训产品",主要针对果业生产者和科普大众对果业科技知识的迫切需求,利用 VR 技术开发的具有交互性、沉浸式的知识服务产品。此产品搭配 VR 头盔、手柄等硬件及展示平台,囊括苹果种植栽培过程的 11 个重点环节,打造各个环节的虚拟现实应用场景,通过全景漫游、切换、关键技术交互与知识讲解等方式提供果业科技知识服务。此产品能够帮助节约现场实操的时间、地点、材料的耗损,在虚拟的场景中完成苹果种植栽培的教育,极大地节省了教育成本。同时,此产品也可广泛地应用在果业教学、生产和技术推广及科普领域,提高果业科技知识服务水平,推动果业产业发展。

2. 数字教育平台

数字教育平台是指利用计算机和网络技术,将原有的教学资源数字化,为使用者提供数字教学资源、学习工具和管理系统的在线教育平台。通过数字教育平台,学生可以进行线上学习,教师可以发布教学资源并进行在线辅导,教育管理者可以实时监控教学过程和学生情况。数字化教育平台的目标是提供灵活多样的教学方式,促进个性化学习和教学效果的提高。数字教育与在线教育平台是随着科技的发展和互联网的普及而兴起的一种创新教育方式。它通过利用网络和电子设备,提供多样化、灵活性强的学习资源和学习方式,为学生和教师提供了更加便捷和高效的学习和教学环境。

矩道生物 VR/3D 实验室,为教师和学生提供了与生物教学新课标知识点同步的 VR/3D 同步实验。该实验室从生物实验、人体结构、实验器材等多方面,为师生提供了与教材知识同步的虚拟场景。该实验室全面贴合课程标准知识点，涵盖教材上的教师演示实验、学生分组实验以及教材中"探究实践""思考讨论"等拓展类实验，对每个实验的详细实验信息，包括实验目的、器材、步骤等都进行罗列，充分支持教师在课堂教学中对实验内容的讲解。依托强大的 3D 引擎和仿真算法，从实验器材到实验现象，每个环节都进行了高精度的 3D 建模。在呈现高度仿真实验过程的同时，缩减实验时长，提升实验安全性，实现绿色环保和可视化实验。从现象到本质，帮助学生更好地探究生物规律，提升学科素养。为学生创造了一个沉浸式学习情境，帮助学生在自主学习能力、科学探究能力以及应用实践能力等方面地综合提升。

3. 3D 数据库

3D 数据库是以三维模型为基础，采用数据定义语言来表达数据的逻辑结构、与数据有关的安全性及完整性要求、数据项之间的联系等信息。每个数据库都有一个或多个不同的 API（应用程序编辑接口）用于创建、访问、管理、搜索和复制所保存的数据。

科学出版社开发的细胞生物学 3D 资源库，主要面向高等教育，也辐射中学生物学教学。细胞生物学 3D 资源库通过计算机虚拟三维成像技术，打造了一个包含动物、植物、细菌三种细胞类别的立体化、可视化、可交互的 3D 细胞世界，以 3D 模型、3D 动画、AI 解说、图文结合的方式再现了细胞的显微结构，重现了细胞在整个生命周期中的各种重要生命活动事件。操作者以第一人称视角进入细胞内部，交互式学习过程满足所见即所得的使用体验，对细胞 3D 模型及 3D 动画可进行任意缩放、旋转，实现 360°观察，从显微到亚显微直至分子层面，逐级深入观察与学习细胞的结构、功能与作用机制。❶ 该资源库支持高清图片及视频导出，具有自我讲解录制功能，方便在线教学、线下学习、资源分享，可以灵活运用于课程建设、教材及学术著作撰写、科普展示等使用场景中。

虚拟技术在出版中的应用，使图文内容能够更加生动灵活地呈现在读者面前，给读者带来更加丰富的阅读体验。但是目前大部分读者对于 AR、VR 技术在书籍中的设计是否能帮助理解图书内容还是抱有怀疑态度，这也是 AR、VR 出版物"呼声高""买家少"的重要原因之一。未来 AR、VR 出版应思考如何合理地将虚拟技术与出版内容相结合，而非单纯强调 AR 技术的生动性与立体性，从而完成思想、知识、文化的传递。

---

❶ 周万灏. 数字化教学辅助资源建设的探索实践——以"细胞生物学"3D 资源库为例 ［J］. 出版参考，2021，（10）：67-69.

第四章

大数据：
重新定义出版业的数据驱动

一、大数据的概念与技术

（一）大数据的概念

大数据（Big Data）是一个相当宽泛的概念，不同人可能有不同的理解。通常情况下，大数据指的是规模非常大、复杂多样、处理难度较大的数据集合。这些数据可能来自各种不同的来源，包括传感器、社交媒体、互联网应用、金融交易等。处理大数据通常需要采用特殊的技术和工具，以便有效地存储、管理和分析这些数据，从中获取有价值的信息和洞察。

大数据概念的提出可以追溯到《自然》杂志 2008 年 9 月专刊中发表的 *Big Data：Science in the Petabyte Era* 一文，此后大数据这个概念被广泛应用和传播。亚马逊（全球最大的电子商务公司）大数据科学家约翰·劳泽认为大数据是任何超过了一台计算机处理能力的数据量。2011 年，麦肯锡公司发布了关于大数据的调研报告《大数据：下一个前沿，竞争力、创新力和生产力》，该报告系统地阐述了数据科学领域的重要突破。并从战略维度解构了数据资产的核心价值，着重论证了数据要素在驱动企业竞争力、促进创新浪潮及提升社会生产力方面的关键作用。在这份报告当中，麦肯锡对大数据进行了定义，即大数据是指数据规模大到传统的数据库软件工具已经无法采集、存储、管理和分析的数据集。互联网数据中心将大数据技术定义为：为了更经济地从高频率的、大容量的、不同结构和类型的数据中获取价值而设计的新一代架构和技术。❶

综合以上不同的定义，不同的机构和专家对大数据有不同的定义和理解，但大数据的重要性和应用前景已经得到了广泛认可。笔者认为，大数据至少应包括两个方面：一是数量巨大，二是无法使用传统工具处理。因此，大数据不是关于如何定义，最重要的是如何使用。它强调的不仅是数据的规模，更强调从海量数据中快速获得有价值信息和知识的能力。❷ 在实际应用中，大数据的关键在于数据量的巨大增长如何重新定义了信息处理和决策制定的方式，如何有效地利用先进的技术和工具来处理、分析和挖掘这些数据，以便从中获取对业务决策有意义的见解和洞察。

随着科技的发展和数据量的不断增加，大数据已经成了信息时代的一个重要概念，对于商业、科研、社会等领域都具有重要意义。同时，由于大数据技术的不断发展，人们对于大数据的认识也在不断深化，对于大数据的定义也在不断演变。

---

❶ 舍恩伯格，库克耶. 大数据时代：生活、工作与思维的大变革［M］. 盛杨燕，周涛，译. 杭州：浙江人民出版社，2012：12.

❷ 大数据 4V 特征与六大发展趋势［EB/OL］.（2015-11-16）［2024-02-27］. http://cn.chinagate.cn/news/2015-11/16/content_37074270.htm.

（二）大数据的特征

一般来说，大数据概念的内涵通常用 4V 特征来表述，即 Volume（数据体量大）、Variety（数据类型繁多）、Velocity（数据产生和更新速度快）、Value（数据的价值性）。大数据的处理和挖掘需要采用新一代的架构和技术，以更经济地从高频率、大容量、不同结构和类型的数据中获取价值。

第一个"V"是 Volume，就是数据体量大。数据规模已超出现有数据库系统的处理能力边界，这一现象已成为当代信息技术领域的重要课题。当前主流的大数据应用通常处于数 10TB 至 PB 量级的处理范围，这一标准随着技术演进正在发生显著变化。值得关注的是，在数字化转型加速的背景下，数据总量正呈现指数级增长态势。有人预测，也许在未来 5 年，EB 量级的数据处理需求可能成为界定大数据应用的新基准。这种量级的持续扩张不仅对存储介质提出挑战，更对数据清洗、传输效率、计算架构等全流程技术体系形成系统性压力，由此催生分布式计算框架的迭代升级和新型分析工具的持续研发需求。

第二个"V"是 Variety，是指大数据的类型繁多，来源各异。大数据来源广泛，涵盖网络层面的网页、日志、图片等数据，传感器采集的监测数据、视频数据、音频数据及位置信息数据，还有日常运营系统产生的各类信息。这些数据在格式与结构上呈现多样化特征，有结构化数据，数据排列规整、逻辑清晰；有半结构化数据，具备一定结构但又存在部分不规则特性；还有非结构化数据，如文档、多媒体文件等，几乎没有预设的结构。鉴于此，要对这些复杂的数据进行有效处理与管理，就必须运用多元且适配的技术和工具，如此才能从海量数据中精准提取出具有价值的信息与知识。

第三个"V"是 Velocity，是指数据产生和更新速度快。大数据的"高速性"蕴含双重意义。其一，体现在数据生成及更新速率上，数据量呈现迅猛增长态势。当下，仅仅两天所产生的数据量，便等同于人类自文明起源直至 2003 年期间积累的总和。以搜索引擎为例，谷歌每月处理的数据量高达 400PB 以上，百度每日处理的数据规模亦在几十 PB 量级。电商领域，淘宝平台拥有超 10 亿件在线商品，每日交易笔数达数千万，数据增量约为 20TB。城市安防体系中，视频监控设备全天候持续采集海量流媒体数据。其二，高速性反映在数据处理的响应速度方面，需具备极高的时效性。大数据处理遵循"1 秒定律"，即要求在 1 秒内输出分析结果，以满足实时决策与应用需求。❶

第四个"V"是 Value，价值性。❷这也是大数据的核心特征，包含 3 层含义。一是价值密度低，即在庞大的数据总量之中，真正具备实用价值的数据占比极小。以视频类数据为典型，在长时间连续采集的监控影像里，关键且有用的数据片段或许仅占一两秒时长。二是整体价值高，当把研究问题所涉及领域的全部真实数据进行整合，形成一个完备的大数据集时，其价值难以估量。这些全面且真实的数据，为深入研究问题、把握事物本质提供了坚实基础，有助于研究者从多维度、深层次去

---

❶ 李真春，裴彦芳. 大数据概念及主要技术分析研究 [J]. 科技传播，2016，8（19）：105-106.

❷ 李真春，裴彦芳. 大数据概念及主要技术分析研究 [J]. 科技传播，2016，8（19）：105-106.

剖析现象，挖掘其中蕴含的规律与趋势。三是潜在价值大。当前，大量数据资源的潜在价值还未得到充分挖掘与利用。通过先进的数据挖掘技术和创新的分析方法，能够从海量数据中发现新的知识、创造新的价值，为各领域的发展提供强大的数据支撑与创新动力。

（三）大数据的挑战

在大数据处理中，存在许多与大数据处理相关的挑战，其中，数据质量、隐私和安全性的问题尤为突出。

1. 数据质量

在大数据处理过程中，数据质量问题是一个核心挑战，它可能直接影响分析结果的准确性和有效性。

（1）数据完整性。大数据集中经常存在大量的缺失数据，可能源于数据采集时的遗漏、设备故障或其他原因。此外，不同来源的数据可能因格式、单位或定义的不一致而导致数据整合时的困难。

（2）数据准确性。大数据集可能包含大量错误数据，如输入错误、编码错误或逻辑错误，这些错误可能导致分析结果偏离真实情况。同时，重复数据也是一个常见问题，可能增加数据处理的复杂性和计算成本。

（3）数据时效性。随着时间的推移，大数据集中的数据可能变得过时，如过时的统计数据或市场趋势，这可能导致分析结果失去参考价值，因此需要定期更新和维护数据集。

（4）数据源头问题。大数据可能来自多个不同的源头，其中一些可能不够可靠或存在偏见。这可能导致数据集中存在大量不准确或误导性的信息，需要进行数据筛选和验证。此外，数据采集过程中可能存在的采样偏差也可能导致数据集中存在偏差或误导性的信息。

为了解决这些问题，大数据处理过程中需要进行数据质量管理，包括数据清洗、数据校验、数据去重、数据标准化等操作，以确保数据质量满足分析需求。同时，建立数据质量监控机制，定期对数据进行质量评估和审核，也是必不可少的。通过这些措施，可以提高大数据处理的质量和效率，从而确保分析结果的准确性和有效性。

2. 隐私保护

在大数据处理过程中，数据隐私问题是一个至关重要的挑战。

（1）隐私泄露风险。在大数据处理中，隐私泄露是最核心的风险之一。由于大数据的特殊性质，个体的敏感信息（如身份信息、健康状况、财务信息等）很容易被识别和泄露。如果这些信息被未经授权的个人或组织获取，就可能导致严重的后果，如身份盗用、欺诈行为等。

（2）数据匿名化挑战。为了保护个人隐私，一种常见的做法是对数据进行匿名化处理。然而，在大数据环境下，即使经过匿名化处理的数据，也可能通过某些方法重新识别出个体，这增加了隐私泄露的风险，使得数据匿名化变得更加困难。

（3）用户信任问题。大数据处理往往涉及多个参与方，包括数据采集方、处理方和使用方等。这些参与方之间的信任关系对于保护用户隐私至关重要。然而，在实际操作中，由于信息不对称、利益冲突等原因，用户可能对这些参与方缺乏信任，从而增加隐私泄露的风险。

（4）技术安全漏洞。大数据处理过程中，数据往往需要在多个系统之间传输和存储。这些过程中可能存在的技术安全漏洞，如黑客攻击、数据篡改等，都可能导致隐私泄露。因此，加强技术安全措施，确保数据在传输和存储过程中的安全性，是大数据处理中需要解决的重要问题。

为了解决这些问题，大数据处理过程中需要采取一系列措施来保护用户隐私。这包括加强数据管理和访问控制、采用先进的加密技术和安全协议、建立信任机制等。同时，还需要提高用户对于隐私保护的意识和重视程度，以便更好地保护他们的个人隐私。

3. 安全性

在大数据处理过程中，数据安全性是一个至关重要的问题。

（1）数据泄露风险。在大数据处理中，由于数据量巨大且来源多样，数据泄露的风险也随之增加。数据泄露既可能来自外部攻击，如黑客入侵、恶意软件感染等，也可能来自内部人员的不当操作或疏忽。一旦敏感数据被泄露，可能导致严重的后果，如财产损失、声誉损害、法律纠纷等。

（2）数据被篡改和破坏。在大数据处理过程中，数据的完整性和可信度至关重要。然而，由于各种原因（如恶意攻击、系统故障等），数据可能遭受篡改或破坏。这可能导致分析结果失真、误导决策，甚至造成严重的经济损失和社会影响。

（3）非法访问和权限滥用。在大数据处理中，不同用户可能具有不同的访问权限。然而，由于权限管理不当或用户身份认证不足，可能会有非法访问和权限滥用的情况发生。这可能导致敏感数据被未经授权的用户访问或修改，从而引发数据泄露和破坏等安全问题。

（4）加密和安全协议挑战。为了保护大数据的安全性，加密技术和安全协议被广泛应用。然而，随着技术的不断发展，加密算法和安全协议可能面临被破解或绕过的风险。此外，加密操作本身也可能增加数据处理的复杂性和性能开销。

为了解决这些问题，大数据处理过程中需要采取一系列措施来确保数据的安全性。这包括加强数据访问控制和身份认证、采用高强度的加密技术和安全协议、定期进行安全审计和漏洞检测、加强供应链安全管理等。同时，还需要提高用户的安全意识和重视程度，以便更好地保障大数据的安全性。

（四）大数据的技术

在实际应用中，大数据技术可被理解为一种能够从纷繁复杂的各类数据中，迅速获取具有特定价值信息的技术体系。按照既定的数据处理流程框架，大数据技术由多个紧密关联的关键技术板块构成。

（1）大数据采集与预处理技术。主要聚焦于解决数据来源的广泛性与多样性问题，同时致力于提升数据质量，主要包括异构数据库集成、WEB 信息实体识别、传感器网络数据融合、数据清洗和数据质量控制等。

（2）大数据的存储与管理技术。该技术的核心任务是实现大数据的可靠存储，并保障数据能够被高效检索与访问，主要包括分布式文件系统、分布式数据库、大数据索引和查询、实时/流式大数据存储与处理等。

（3）大数据计算技术。用于解决分布式高速并行计算问题，主要包括分布式查询计算技术、批处理计算、流式计算、迭代计算、图计算、内存计算等。

（4）大数据分析技术。这一技术旨在通过对数据的深入剖析，揭示数据背后隐藏的规律、挖掘潜在有价值的线索，并为各类复杂问题提供答案，主要包括数据挖掘、机器学习、模式识别、聚类分析等技术。

（5）大数据呈现技术。主要作用是将大数据分析的结果以直观、易懂的方式呈现给用户，帮助用户清晰、便捷且深入地理解分析成果，主要包括可视化技术、历史流展示技术、空间流展示技术等。

二、大数据在出版业中的应用

当前，大数据在出版业的应用主要涵盖数据采集、数据生成、数据分析及数据使用这四大维度。❶

数据采集，包括用户数据采集、交互数据采集和内容数据采集；数据生成，包括专业生产内容、用户生成内容和设备采集生成内容；数据分析，是指数据分析专业人才运用信息技术手段，对采集到的海量数据进行深度融合分析，通过复杂的算法与模型，为出版业的发展态势评估、市场趋势预测等提供翔实的分析报告，并给出极具针对性的咨询建议；数据应用，是以数据分析为参考，为内容创作、读者互动、出版流程升级提供帮助，带来出版业的新思维、新业态和新发展。大数据在出

---

❶ 邱然. 出版业大数据应用策略探究 [J]. 科技与出版, 2021 (10): 79-83.

版业的应用正持续向纵深方向发展，不仅革新了出版业传统的数据处理模式，更为出版业带来全新思维，催生出新兴业态，有力推动了出版业的全方位创新与变革。

（一）深度洞察读者行为

在大数据的背景下，出版业正经历着前所未有的变革。数据收集是这一变革的第一步。出版机构通过多个渠道，如官方网站、移动应用程序、社交媒体平台等，积极地收集和整理关于读者的各种数据。这些数据不仅包括传统的购买记录、阅读时长等，还涉及读者的在线行为，如评论、分享、点赞等。收集到的数据经过清洗和整理后，进入到行为分析阶段。这里，机器学习算法发挥着关键的作用。通过对大量数据的深度挖掘，算法能够精准识别出读者的阅读习惯和偏好。例如，大数据可以分析出读者最喜欢在哪些时间段阅读，阅读的速度如何，以及读者偏好的书籍类型、作者和主题等。这些信息为出版商提供了宝贵的洞察，使他们能够更准确地把握读者的需求。基于行为分析的结果，出版机构可以更有针对性地进行市场策略的调整。他们可以根据读者的偏好来选题和策划，确保推出的新书更符合市场的口味。同时在发行策略上，大数据可以根据读者的阅读习惯来优化发行时间和渠道，提高图书的曝光率和销售量。此外，出版机构还可以利用这些数据来增强与读者的互动，如通过推送个性化的阅读建议、组织线上线下相结合的读者活动等，来提升读者的满意度和忠诚度。

以亚马逊为例，作为全球最大的在线书店，其成功在很大程度上归功于其个性化推荐系统。该系统通过分析用户的购书历史、浏览记录、评论和反馈等数据，为用户提供高度个性化的书籍推荐。这些推荐通常基于用户的阅读偏好、购买历史、相似用户的阅读行为等因素，从而大大提高了用户的购买率和满意度。不止如此，奈飞公司通过对其庞大的用户数据进行分析，为用户推荐感兴趣的影视作品，从而提供了更加精准的内容推荐；企鹅兰登书屋利用大数据技术来分析读者的阅读习惯和偏好，以制定更加精准的营销策略；巴诺书店也利用大数据技术分析读者的阅读数据，以提供更加个性化的服务。

这些案例都展示了大数据在出版业中的应用，通过深度解析读者行为，出版商可以更好地了解读者的需求和偏好，从而实现服务供给端的结构性优化。这种双向赋能机制不仅培育了受众的品牌认同感与用户黏性，更在需求侧响应与供给侧结构性改革的动态平衡中，开辟出可持续的商业增长空间。

总的来说，大数据在出版业的应用为出版商提供了一个全新的视角来理解和满足读者的需求。通过深度解析读者行为，出版商可以更加精准地进行市场定位和内容创新，从而在竞争激烈的出版市场中脱颖而出。

（二）引领革新内容创作

大数据在出版业的内容创作方面发挥着至关重要的作用。在数字化信息海量汇聚的当下，出版机构借助前沿技术手段，对繁杂的读者数据展开全方位、深层次的挖掘与解析。在此过程中，出版机构得以精准洞悉读者在阅读喜好方面的细微差异，精准定位他们的兴趣聚焦点，并敏锐捕捉市场需求的动态变化。凭借这些深入洞察，出版机构便能为内容创作提供极具针对性的指引，致力于打造高度契合读者个体需求、精准匹配市场走向的优质内容，在个性化与精准化的内容创作道路上稳步前行。

首先，大数据可以帮助出版机构了解读者的阅读习惯和兴趣偏好。通过收集和分析读者的阅读记录、购买历史、评论和反馈等数据，出版机构可以深入了解读者的阅读喜好，如偏好的书籍类型、作者、主题等。这些信息为出版机构提供了宝贵的市场洞察，使他们能够更有针对性地策划和创作内容，满足读者的需求。

其次，大数据可以助力出版机构实现内容创作的精准化和个性化。通过对读者的阅读行为和偏好进行深入分析，出版机构可以预测读者的阅读兴趣和需求，并据此创作出更符合读者口味的内容。这种个性化创作模式，依托对数据的深度剖析，精准洞察读者偏好，进而打造出契合读者口味的专属内容。在当下数字化浪潮中，这种基于数据驱动的创作路径，正逐渐成为内容生产领域创新发展的关键驱动力。

最后，大数据还可以帮助出版机构优化内容创作的流程。通过对大量的读者数据进行分析，出版机构可以了解哪些内容类型、主题和风格更受欢迎，从而调整创作方向和策略。同时，大数据还可以提供关于内容质量和读者反馈的实时数据，帮助出版机构及时发现问题并进行改进，提高内容的质量和出版效率。

值得注意的是，一些出版机构利用大数据分析了儿童读者的阅读偏好、学习能力及兴趣爱好等数据。基于这些分析结果，他们推出了个性化童书出版服务，为每个孩子量身定制适合他们年龄和兴趣爱好的图书。这种贴合儿童需求定制内容的创作模式成效显著，它成功点燃了孩子们的阅读热情，助力其在知识汲取上收获更好成效。从商业视角来看，也为出版机构开辟出更为广阔的市场空间，大幅提升了商业价值，实现内容创作与商业效益的双赢。

这种基于大数据的内容创作方式不仅提高了作品的质量和市场竞争力，也为出版业带来了更大的创新和发展空间。

综上所述，大数据在出版业的内容创作方面发挥着巨大的作用。通过深度分析读者数据，出版机构可以更加精准地把握读者的需求和兴趣点，实现个性化和精准化的内容输出。这不仅提高了读者的阅读体验，也为出版机构带来了更大的商业价值和市场竞争力。

(三) 优化提效出版流程

大数据在出版业的应用中，优化提效出版流程是一个重要的方面。通过深度挖掘和分析大量的数据，出版机构能够更精准地掌握市场需求、读者偏好及内容创作的趋势，从而对整个出版流程进行有针对性的优化，提高效率和质量。

首先，大数据可以帮助出版机构精准地把握市场需求。通过对读者数据、销售数据及市场趋势的分析，出版机构可以了解当前市场上的热门主题、读者喜好及潜在的市场机会。这些信息为出版机构提供了宝贵的市场洞察，使他们能够及时调整出版策略，推出更符合市场需求的产品。

其次，大数据可以优化选题策划和内容创作。通过分析读者的阅读记录、购买历史、评论和反馈等数据，出版机构可以深入了解读者的阅读习惯和兴趣偏好。这些信息为出版机构提供了选题策划的依据，使他们能够更有针对性地选择主题和内容，提高内容的吸引力和市场竞争力。

再次，大数据还可以优化出版流程中的各个环节。例如，在编辑阶段，通过对大量数据的分析，出版机构可以更加精准地评估稿件的质量和市场潜力，提高编辑的效率和准确性。在印刷和发行阶段，大数据可以帮助出版机构预测销售量和库存需求，优化生产和库存管理，降低库存成本和减少浪费。

最后，大数据还可以提供实时的反馈和评估机制，帮助出版机构及时发现问题并进行改进。通过对读者数据、销售数据及市场反馈的分析，出版机构可以了解产品的表现和市场反应，及时调整出版策略和内容创作方向，提高出版效率和质量。

例如，一些出版机构充分利用大数据和人工智能技术开发自动化工具，如智能校对、自动排版等，这些工具可以自动检查文本中的语法错误、拼写错误、标点符号使用不当等问题，并给出提示或建议。这大大减轻了编辑人员的工作负担，提高了出版流程的效率。同时，大数据技术还可以支持出版机构实现协同编辑和团队合作的优化。通过云计算等技术，编辑、作者、设计师等团队成员可以实时共享和更新文档、数据和信息，提高团队合作的效率和沟通效果，这有助于加快出版流程，提高出版物的质量和市场竞争力。

综上所述，大数据在出版业的应用中，优化提效出版流程是一个重要的方面。通过深度挖掘和分析大量的数据，出版机构可以更加精准地把握市场需求、读者偏好及内容创作的趋势，从而对整个出版流程进行有针对性的优化，提高效率和质量。这不仅有助于提升出版机构的市场竞争力，也为读者带来更加优质和个性化的阅读体验。

(四) 跨界合作与拓展

大数据在出版业的应用不仅局限于内部流程和内容创作的优化，还体现在与其他行业的跨界合作与拓展上。这种跨界合作与拓展为出版业带来了新的机遇和挑战，进一步推动了行业的创新和变革。

首先，数据共享成为跨界合作的关键。出版业可以通过与其他行业合作，共享数据资源，共同开发新产品和服务。例如，与电商平台合作，出版机构可以获得读者的购物行为和阅读偏好数据，从而更准确地推出定制化的阅读推荐和促销活动。这种合作模式不仅拓宽了出版业的数据来源，还增强了与其他行业的互补性和协同效应。

其次，定制化服务成为跨界合作的重要方向。通过深度挖掘和分析读者的数据，出版机构可以了解每个读者的阅读偏好和兴趣点，从而为他们提供个性化的阅读推荐和定制化的服务。这种定制化服务不仅提高了读者的阅读体验，还为出版机构带来了更大的商业价值和市场份额。例如，根据读者的阅读历史和购买记录，出版机构可以推出符合读者口味的定制版图书或专属阅读计划。

此外，拓展业务领域也是跨界合作的重要目标。出版机构可以将出版业务拓展到影视、游戏、动漫等领域，实现多元化发展。通过与其他娱乐产业的合作，出版机构可以进一步挖掘作品的商业价值，拓宽收入来源。同时，这种拓展也有助于提升出版物的知名度和影响力，吸引更多的读者和粉丝。

哈珀·柯林斯出版集团与社交媒体平台拼趣合作，推出了基于图片的图书推荐服务。通过挖掘拼趣上用户分享的图书相关图片和数据，哈珀·柯林斯出版集团能够更准确地了解读者的兴趣和偏好，并为其推荐合适的图书。这种合作模式不仅提高了图书推荐的精准度，也为出版机构带来了新的推广渠道和潜在读者。通过与其他行业的合作和共享数据资源，出版业可以开发出更多创新的产品和服务，拓宽业务领域，提高市场竞争力。未来，随着技术的不断进步和市场的不断变化，相信大数据在出版业的跨界合作与拓展中将发挥更加重要的作用。

总之，大数据在出版业的跨界合作与拓展中发挥着重要作用。通过数据共享、定制化服务和拓展业务领域等方式，出版业可以与其他行业实现深度融合和协同发展。这不仅为出版业带来了新的机遇和挑战，也为读者带来了更加丰富、个性化的阅读体验。未来，随着技术的不断进步和市场的不断变化，相信大数据在出版业的跨界合作与拓展中将发挥更加重要的作用。

三、大数据如何帮助出版业作出数据驱动的决策

（一）数据驱动

1.数据驱动的定义

数据驱动（Datadriven），是通过移动互联网或者其他相关软件采集海量的数据，将数据进行组织形成信息，之后对相关信息进行整合和提炼，在数据的基础上经过训练和拟合形成自

动化的决策模型。❶ 简单来说，就是以数据为中心依据进行决策和行动。

布瑞恩·戈德西在其《数据即未来》一书中详细介绍了数据科学项目的三个阶段。

（1）准备阶段进行信息收集；

（2）构建阶段将计划付诸行动，利用准备阶段获得的信息及相关统计和软件提供的可用工具来构建产品；

（3）交付阶段进行产品的交付、反馈及修改等。❷

2. 数据驱动的特征

在真正实现数据驱动的企业环境中，数据堪称生成各类报告以及开展深度模拟预测的核心基石。企业决策层理应将数据分析工作深度融入公司的整体决策流程之中，充分发挥数据的作用，使其切实为公司决策增添价值并产生积极影响。数据驱动型企业区别于传统企业的显著特征，在于构建并拥有一套完备的数据价值体系。

所谓数据价值体系，实则是涵盖从数据收集、规整梳理、报告生成，直至转化为行业洞察与决策建议的一整套严密流程。落实到操作层面则是通过对数据的收集、整理、提炼，总结出规律，形成一套智能模型，该模型能够依据输入的数据进行智能化分析与预测。最终，借助人工智能技术，基于智能模型的分析结果，生成可供企业参考的最终决策方案，助力企业在复

---

❶ 石玉玲，陈万明. 我国知识管理研究现状、热点与趋势［J］. 新世纪图书馆，2020，284（4）：85-91.

❷ 凌林. 四川省突发公共卫生事件应急能力影响因素与提升路径［D］. 成都：电子科技大学，2024.

杂多变的市场环境中作出科学、精准的决策。

因此，真正的数据驱动公司应该具备以下特征。

（1）海量的数据；

（2）自动化的业务流程；

（3）强大的模型支持自动化决策。

这三个条件缺一不可，并形成一个循环，不断地进行数据收集，完成建模，自动决策。

3. 数据驱动的环节

完整的数据驱动闭环一般为：数据采集—数据建模—数据分析—数据反馈。

（1）数据采集。数据采集堪称所有数据驱动型应用的基石，其采集内容涵盖多个关键维度，主要包括数据类型、数据所有者及数据来源。就数据所有者维度而言，第一方数据的采集占据重要地位，能够直接反映企业自身业务的实际状况与用户在企业产品体系内的真实交互情况，对于企业深入了解自身业务、洞察用户需求、优化产品与服务及制定精准营销策略具有不可替代的价值。

（2）数据建模。在数据建模工作中，数据模型的选择，以及与之适配的数据储存方式占据着至关重要的地位。数据模型的选择之所以关键，是因为其抽象程度直接关系到后续分析模型的构建成效。与此同时，不同的数据模型需要适配不同的数据储存方案。储存方案的确定主要取决于数据自身的特性。例如，是否可追加、可修改，访问是以什么样的访问为主，是否

会需要删除等。❶

（3）数据分析。在数据分析过程中，针对不同角色的需求展开差异化分析。以企业管理者为例，其关注的核心在于明确第一关键指标。这一指标对于企业发展具有提纲挈领的作用，能够直观反映企业运营的关键成效。同时，深入剖析与之紧密相关的用户旅程也至关重要，企业需要依据所梳理出的用户旅程，精心构建与之适配的增长模型。该模型将综合考量用户在各个旅程节点的行为特征、转化率等关键因素，通过数据建模与分析手段，为企业制定精准的增长策略提供有力支撑，助力企业实现销售额地持续稳健增长。

（4）数据反馈。企业借助对用户数据与业务数据的深度挖掘，开展用户精准分群工作，以此为基础灵活地制定并管理营销活动计划。在此过程中，通过整合多源数据，企业能够精准勾勒出用户画像，全方位呈现用户的特征、行为模式及偏好。在实施首次营销活动后，企业依据所获取的营销效果反馈，深入分析其中的数据，识别出优势与不足。进而以此为依据，针对性地对营销策略与活动细节进行优化调整，开展第二次营销活动。如此循环往复，企业逐步构建起一套自动化、精细化的运营闭环体系。在这一体系下，营销活动能够根据用户动态变化持续优化，实现资源的高效配置，不断提升营销效能，增强用户黏性与忠诚度，推动企业业务持续、稳定地增长。

4. 数据驱动的商业决策

（1）生产要素：数据。"数据驱动业务""数据驱动决策"

---

❶ 江静，陈建. 招标管理数据分析方法——以国家能源招标网为例［J］. 招标采购管理，2021，106（6）：61-63，65.

"数据驱动增长"……这些含有"数据驱动"的句式在商业环境中很常见，仿佛"数据"能作为一切商业动作的引擎，驱动商业中的一切活动不断向前，导致很多人都认为数据是万能的。数据确实很重要，是"数据驱动××"中的核心要素之一，也是最基本的要素，没有数据沉淀，数据驱动也无从谈起；但是数据本身没有意义，仅仅是通过数字化沉淀下来一堆数字、表格和代码，真正盘活数据、使数据产生驱动作用的，是数据从生产到加工再到消费的整个体系化过程。这个体系化的过程就是一个完整的系统，保证了数据的质量、数据的标准、数据分析应用的合理性和科学性。整个数据驱动系统中，不仅仅包含了数据，还包含了保障数据质量的规则流程和实现数据价值的必要场景和手段。

（2）手段：数据采集、分析、挖掘、应用。作为数据驱动的主要手段，核心内容是运用数据科学、统计分析和可视化技能，将数据转化为有价值的洞察和建议。通过数据找到问题，准确地定位问题，准确地找到问题产生的原因，为下一步的改进找到方向。具体内容覆盖了多个领域：指标体系、标签体系、实验研究、分析思维、分析方法、数据挖掘、数据产品等。

（3）目标：以数据为中心进行决策和行动。数据驱动的直接目标，就是围绕数据进行决策。以数据覆盖决策链路，实现可量化、可迭代、可复用的闭环精益数据运营体系。在决策、策略制定、优化和创新过程中，依赖对大量数据的收集、分析和解读，而非仅依赖人们的直觉、经验或偏见，这种决策方式就是数据驱动的精神所在。

5. 为什么要"数据驱动"

"数据驱动""数字化转型""数据运营"……归结到动机和原因上，无非就是对效率、体验、增长等方面的积极影响。

在效率维度上，落实数据驱动，可以提高决策效率和准确性，企业通过数据分析可以更客观地评估各种策略和方案的优劣，消除人为偏见和错误，从而作出更明智的决策。例如，通过对过往销售数据的分析，企业可以预测未来的销售趋势，从而合理安排生产和库存，避免浪费资源；也可以提高运营效率，帮助企业发现运营中的瓶颈和问题，揭示组织中的低效流程，从而优化资源分配和业务流程，降低运营成本、提高收入，实现更高的投资回报率。

在体验维度上，数据驱动模式助力企业深入洞察客户需求。企业借助这一模式，能够精准把握客户诉求，进而对产品与服务进行优化升级，打造个性化的产品及服务。以互联网公司为例，其通过对用户使用应用程序期间产生的行为数据展开分析，能够精准定位应用内存在的痛点及给用户带来不便的环节，从而对应用进行改进，降低用户使用门槛，提升用户体验。

在增长维度上，数据驱动有助于企业预测趋势、市场变化和客户需求，发现潜在的市场机会和创新领域，推动组织的创新和发展，从而实现增长。例如，企业通过数据分析挖掘出用户在特定时段的购买需求后，便能据此有针对性地策划促销活动，精准触达目标客户群体，进而有效提升销售额。同时，可以帮助企业识别和预测潜在的风险，从而采取措施进行规避。

（二） 大数据如何帮助出版业作出数据驱动的决策

大数据在出版业中发挥着至关重要的作用，能够帮助出版业作出数据驱动的决策。

1. 读者行为分析

大数据对于出版业来说，是一个极具价值的资源，能够帮助出版机构作出数据驱动的决策，优化产品和服务，满足读者的需求。特别是在读者行为分析方面，大数据的作用不可忽视。❶

首先，在数字化浪潮下，出版机构借助先进技术广泛收集读者于线上产生的行为数据，并运用专业工具展开深入剖析。通过这一过程，出版机构得以全方位、深层次地洞察读者的阅读习惯与偏好，为后续业务决策筑牢根基。例如，出版机构可以通过分析读者的阅读历史，发现哪些类型的书籍、哪个出版社的书籍或者哪位作者的书籍更受欢迎。这些数据可以为出版机构提供宝贵的市场洞察，帮助其判断哪些书籍有可能成为畅销书，从而做出更加明智的出版决策。

其次，大数据还可以帮助出版机构了解读者的购买习惯。通过分析读者的购买记录，出版机构可以发现哪些书籍的销售量较高，哪些书籍的销售量较低。这些数据可以帮助出版机构调整定价策略、推广策略和销售策略，以提高销售效率和盈利能力。

---

❶ 刘华坤，谢磊，张志林. 大数据驱动的出版业供给侧结构性改革探索实践——以人民邮电出版社"以销定产"按需出版为例 [J]. 中国出版，2018（14）：19–23.

再次，通过跟踪读者的浏览记录和搜索关键词，出版机构可以了解读者对哪些主题或内容感兴趣。这些信息可以为出版机构提供灵感，帮助其开发出更符合读者需求的新书籍或新产品。

最后，社交媒体互动数据也是出版机构需要关注的一个重要方面。出版机构通过对读者在社交媒体平台上的评论、点赞、分享等行为展开系统分析，能够切实掌握读者对于书籍的观点和情感倾向。凭借这一洞察，出版机构可敏锐察觉读者存在的问题与疑虑，并及时加以解决。长此以往，有助于提升读者的满意度，强化其对出版品牌的忠诚度。

综上所述，大数据在读者行为分析方面对出版业具有重要意义。通过收集和分析大数据，出版机构可以更好地了解读者的需求、偏好和行为，从而作出更加精准和有效的决策，为读者提供更加优质的产品和服务。

2. 销售预测与库存管理

大数据在销售预测与库存管理方面的应用，为出版业带来了革命性的变革。在过去，库存管理及销售预测主要凭借从业者积累的经验与主观直觉来开展。但这种方式存在明显局限性，难以精准捕捉市场需求的动态变化，也无法准确预判书籍销售的未来走势。然而，出版机构运用大数据分析工具，可精准洞察市场需求与销售走向。基于这些精准预测，出版机构能够优化库存管理，合理规划生产，提升资金使用效率，在激烈的市场竞争中脱颖而出。

首先，大数据可以帮助出版机构收集和分析销售数据。通过对历史销售数据的挖掘和分析，出版机构可以了解不同书籍的销售周期、销售高峰期及销售量的波动情况。这些数据可以为出版机构提供宝贵的参考，帮助他们预测未来一段时间的销售趋势和市场需求。

其次，大数据还可以整合市场趋势和消费者反馈数据。通过分析市场趋势，出版机构可以了解当前市场上的热门主题、流行元素和读者需求。同时，通过收集和分析消费者反馈数据，出版机构可以了解读者对书籍的评价、满意度及潜在的改进意见。这些数据可以为出版机构提供更为准确的市场洞察，帮助其判断哪些书籍更有可能受到读者的欢迎，并据此调整生产计划和库存管理策略。

最后，通过综合分析销售数据、市场趋势和消费者反馈数据，出版机构可以运用大数据分析工具进行销售预测。这些预测结果可以帮助出版机构更加准确地制订生产计划、库存管理策略和促销活动。例如，根据预测结果，出版机构可以提前调整库存水平，避免库存积压和浪费；同时，其还可以根据市场需求调整生产计划，确保产品的及时供应。此外，通过组织针对性的促销活动，出版机构可以进一步提高销售效率和市场份额。

综上所述，大数据在销售预测与库存管理方面的应用为出版业带来了巨大的价值。通过利用大数据分析工具，出版机构可以更加准确地预测市场需求和销售趋势，优化库存管理和生产计划，提高资金利用效率和市场竞争力。

3. 内容创作和编辑决策

大数据在出版业的内容创作和编辑决策过程中起到了至关重要的作用。通过分析读者的阅读习惯、评论及反馈数据，出版机构可以获得一系列宝贵的信息，这些信息有助于其洞察读者的喜好，并据此制定更具吸引力的内容策略。

首先，通过深入分析读者的阅读习惯，出版机构可以发现哪些类型的内容、主题或风格最受欢迎。例如，读者可能更偏爱某一类型的文学作品、科普书籍或是实用指南。此外，读者的阅读时长、阅读频率等数据也可以揭示他们对不同内容的需求和兴趣。这些发现可以为出版机构的内容创作提供明确的方向，使其能够更好地把握读者的口味，创作出更符合市场需求的作品。

其次，读者的评论和反馈数据同样具有巨大的价值。通过挖掘和分析这些数据，出版机构可以了解读者对作品的看法、评价及其期望和建议。这些信息不仅可以帮助出版机构改进现有作品，还可以为其提供新的创作灵感。例如，读者可能对某些话题或主题表现出浓厚的兴趣，或者他们可能对某一作家的写作风格赞不绝口。这些反馈都可以成为出版机构在内容创作和编辑决策中考虑的重要因素。

最后，大数据分析还可以帮助出版机构预测市场趋势和热门话题。通过跟踪和分析社交媒体、新闻网站等渠道的数据，出版机构可以及时发现并抓住那些可能引起读者关注的话题和趋势。这些信息可以为出版机构的内容创作提供指导，使其能够及时调整选题和创作方向，创作出更具市场竞争力的作品。

综上所述，大数据在出版业的内容创作和编辑决策中起到了至关重要的作用。通过深入分析读者的阅读习惯、评论和反馈数据及预测市场趋势和热门话题，出版机构可以更加准确地把握读者的需求和口味，创作出更具吸引力的作品。这不仅有助于提高作品的质量和竞争力，还可以为出版机构带来更多的商业机会和收益。

4. 个性化推荐和营销

大数据技术在出版业中，尤其是在个性化推荐和定制化营销方面，发挥着越来越重要的作用。利用这些先进技术，出版机构通过多维度、深层次的调研分析，得以全面且精准地把握读者的兴趣偏好与实际需求。基于此，出版机构能够为读者量身打造极具个性化的服务体系，实现精准的内容推荐，以满足读者多样化、差异化的阅读期待。这不仅可以提升读者的满意度，还能有效促进销售转化率的提高。

首先，通过收集和分析读者的阅读历史、购买记录及搜索行为等数据，出版机构可以建立起一个详细的读者画像。这个画像能够反映出读者的阅读口味、偏好主题、购买能力及其他相关特征。基于这些信息，出版机构可以为读者提供精准的书籍推荐。例如，在读者阅读完一本小说后，系统可以推荐与其阅读口味相似的其他小说，或是在某个主题领域内的热门作品。

其次，大数据分析还能帮助出版机构更好地理解读者的社交媒体数据。如今，社交媒体已成为读者分享阅读体验、交流意见和发现新书的重要平台。通过分析这些数据，出版机构可以发现读者的兴趣爱好、社交关系及影响力等信息，从而为他们制定更加精准的社交媒体营销策略。例如，针对在社交媒体上活跃的读者群体，出版机构可以推出专属的社交媒体活动或优惠，吸引他们更多地参与和分享。

最后，大数据还可以帮助出版机构分析市场趋势和竞争对手的表现。通过对比和分析不同市场、不同时间段内的销售数据、读者反馈及市场趋势等信息，出版机构可以制定出更加具有针对性的营销策略，提高销售额和市场份额。例如，当发现某一类型的书籍在市场上受到热烈欢迎时，出版机构可以迅速调整生产计划，加大对该类型书籍的投入和推广力度。

综上所述，大数据技术为出版业在个性化推荐和定制化营销方面提供了强大的支持。通过深入分析读者的偏好和需求，以及市场趋势和竞争对手的表现，出版机构可以制定出更加精准和有效的营销策略，提高销售转化率和客户满意度，进而提升整体的市场竞争力。

5. 版权管理和反盗版

大数据技术在版权管理和反盗版方面为出版业提供了强大的支持。随着数字化内容的快速传播，版权保护成为出版业面临的重要挑战之一。利用大数据技术，出版机构可以更加有效地监控和管理数字版权的流通和使用情况，从而及时发现并应对侵权行为。

首先，通过大数据技术，出版机构可以建立起一套完善的版权监控系统。这个系统可以实时监测数字内容的传播和使用情况，包括在线销售、下载、分享等各个环节。通过收集和分析这些数据，出版机构可以了解数字版权的流通情况，及时发现异常行为或潜在的侵权行为。

其次，大数据可以帮助出版机构进行版权溯源和追踪。在数字时代，内容的复制和传播变得异常容易，侵权行为往往难以追踪。然而，利用大数据技术，出版机构可以通过分析数字内容的元数据、来源和传播路径等信息，追踪到侵权行为的源头，为后续的维权行动提供有力支持。

再次，大数据技术还可以帮助出版机构分析侵权行为的模式和趋势。通过对大量侵权数据的挖掘和分析，出版机构可以了解侵权者的行为特征、常用手段以及可能的目标对象等信息。这些信息可以为出版机构制定更加有效的反盗版策略提供指导。例如，调整版权保护措施、加强技术防御等。

最后，大数据技术还可以为出版机构提供侵权证据的支持。在版权维权过程中，证据的收集和整理至关重要。利用大数据技术，出版机构可以收集并整理数字版权的流通记录、侵权行为的监测数据及追踪溯源的结果等证据材料，为维权行动提供有力的证据支持。

综上所述，大数据技术在版权管理和反盗版方面为出版业提供了重要的支持。通过建立完善的版权监控系统、进行版权溯源和追踪、分析侵权行为的模式和趋势及提供侵权证据的支持等方式，出版机构可以更加有效地保护自身的版权利益，维护行业的正常秩序和公平竞争环境。

6. 风险评估与决策支持

在出版业中，大数据的风险评估与决策支持功能至关重要，因为它能够贯穿整个出版流程，从内容创作到最终发行，为出版机构提供精确的数据分析和科学的决策建议。[1] 这种基于数据的决策方法显著提高了出版机构的决策质量和风险规避能力。

首先，在内容创作阶段，大数据可以对作者的受欢迎程度和市场潜力进行深入分析。通过收集和分析作者的历史作品销

---

[1] 刘华，黄金池. 大数据驱动出版业生态系统的机理及因应政策 [J]. 出版发行研究，2016（5）：28—31.

售数据、读者反馈、社交媒体互动等信息，出版机构可以了解作者的创作风格和受众群体，预测其新作品的市场表现。这种数据分析不仅有助于出版机构选择具有潜力的作者和作品，还可以避免与那些市场号召力不强的作者合作，从而降低投资风险。

其次，在编辑和发行阶段，大数据同样发挥着关键作用。通过对历史销售数据、市场趋势和读者行为的分析，出版机构可以预测不同作品在不同市场、不同时段的销售情况。这种预测能力使出版机构能够制订合理的印刷和发行计划，避免库存积压和浪费。同时，大数据还可以帮助出版机构优化发行渠道和营销策略，提高作品的曝光率和销售量。

最后，大数据还可以为出版机构提供版权合作的数据支持。在版权谈判和合作过程中，大数据可以帮助出版机构评估对方的市场地位、作品价值及合作潜力，为谈判提供有力的数据支持。这不仅可以降低合作风险，还可以提高合作成功率，为出版机构带来更多的商业机会和收益。

综上所述，大数据在出版业的风险评估与决策支持方面发挥着重要作用。通过深入分析各个环节的数据信息，出版机构可以更加准确地评估风险、作出决策，从而提高整体运营效率和市场竞争力。在未来，随着大数据技术的不断发展和完善，其在出版业的应用将更加广泛和深入。综上所述，大数据在出版业中的应用为出版机构提供了宝贵的决策支持。通过深入挖掘和分析大数据，出版机构可以更加准确地把握市场趋势、读者需求、内容优化、销售预测等方面的信息，从而作出更加明智的数据驱动决策。这些决策有助于提高出版物的质量、满足读者需求、优化运营效率和提升市场竞争力。

四、应用实例：基于大数据的读者行为分析

(一) 读者行为分析的意义

读者行为分析在出版业中具有重要意义，通过大数据分析读者行为，出版机构可以深入了解读者的偏好、需求和行为特征，从而制定更加精准和有效的市场策略。

首先，读者行为分析有助于出版机构把握市场动态和趋势。随着市场的不断变化和读者需求的日益多样化，出版机构需要及时了解读者的阅读偏好、购买习惯及消费心理等方面的信息。通过大数据分析，出版机构可以实时监测和分析读者的行为数据，发现市场的热点和趋势，为产品的开发和推广提供有力支持。

其次，读者行为分析有助于出版商提高产品质量和竞争力。了解读者的真实需求和反馈是提升产品质量的关键。通过大数据分析，出版机构可以收集和分析读者的阅读反馈、评价及社交媒体上的讨论等信息，了解读者对产品的看法和建议。这些信息可以为出版机构提供改进产品的方向和思路，提高产品的质量和竞争力。

再次，读者行为分析有助于出版机构制定个性化的营销策略。每个读者的需求和偏好都是不同的，因此，个性化的营销策略至关重要。在竞争激烈的出版市场环境下，营销策略堪称决定成败的关键因素。借助大数据分析这一有力工具，出版机构得以依据读者独特的行为模式及兴趣聚焦点，有针对性地向

读者推送个性化的内容推荐，精心策划契合读者需求的优惠活动，同时提供定制化服务。这一系列举措能够有效提升营销的精准度与效果，显著提高读者的参与度和购买转化率，助力出版机构在市场竞争中抢占先机。

最后，读者行为分析有助于出版机构优化运营流程和降低运营成本。通过大数据分析，出版机构可以了解读者的阅读行为和消费习惯，为库存管理、印刷和发行等环节提供数据支持，这有助于出版机构优化运营流程、提高效率和降低成本。同时，通过预测市场趋势和读者需求，出版机构可以更加精准地制订生产计划，作出市场策略，避免资源浪费和库存积压。

综上所述，通过大数据分析读者行为对于出版业具有重要意义。这种分析有助于出版机构把握市场动态、提高产品质量和竞争力、制定个性化的营销策略，以及优化运营流程和降低成本。展望未来，伴随大数据技术持续迭代升级，其在出版行业的应用场景将不断拓展。尤其是读者行为分析，将深度融入出版业的各个环节，发挥愈发关键的作用，成为出版业创新发展与精准决策的核心驱动力。

(二) 应用实例

1. 个性化内容推荐：从"千人一面"到"千人千面"

在数字化阅读浪潮的推动下，出版行业的个性化内容推荐实现了从"千人一面"到"千人千面"的巨大跨越，这一转变极大地提升了读者的阅读体验，也为出版机构开拓了新的发展路径。对于读者而言，这一转变意味着阅读体验得到了质的提升。他们不再需要在海量的书籍信息中盲目搜索，而是能够迅速获取到符合自身兴趣的优质内容，节省了时间和精力，阅读的乐趣和满足感大幅增强。从出版机构的角度来看，个性化推荐有助于提高书籍的销售效率和市场覆盖率。通过精准把握读者需求，出版机构能够更加有针对性地进行选题策划、内容创作和市场营销，减少资源浪费，提高出版项目的成功率。同时，这也促使出版行业更加注重内容的精细化和多元化发展，以满足不同读者群体日益多样化的阅读需求，推动整个行业朝着更加健康、繁荣的方向迈进。

（1）数传集团❶"现代纸书"。数传集团"现代纸书"：基于扫码行为的智能推荐，拓展学习体验数传集团的"现代纸书"项目借助 AIRAYS 平台（以下简称"平台"），开启了个性化内容推荐的新范式。该平台聚焦于读者的扫码行为，收集扫码时间与地理位置等多维度数据。以《快乐 5+2 同步训练》为例，在传统模式下，读者扫码可能仅仅是获取简单的答案核对功能，而数传集团通过 AIRAYS 平台的深度挖掘，让扫码行为产生了更大的价值。当读者在不同时间、不同地点扫码时，平台能够根据扫码时间判断读者的学习时段，如在晚上黄金学习时间扫码，可能意味着读者正在进行课后复习；结合地理位置，若在学校周边扫码，可推测与课堂学习相关。基于这些分析，平台自动推送契合读者当下学习场景的音视频资源。如在学生放学后在家中扫码时，平台推送针对当天作业难点的详细视频讲解，以及相关知识点的拓展音频资料，帮助学生巩固知识。这一创新举措使得《快乐 5+2 同步训练》的扫码量在短时间内提升了

---

❶　武汉文明网. 某市开展新时代文明实践活动［EB/OL］.（2025-01-22）［2025-04-10］. http://hbwh. wcdt. wenming. cn/xcdt/202502/t20250217_8822969. html.

10 倍。随着精准推送的音视频资源不断满足读者的学习需求，用户对图书的依赖程度大幅提高，用户黏性显著增强，真正实现了从传统纸质教辅到数字化、个性化学习工具的转变，为出版行业在教育领域的数字化转型提供了成功范例。

（2）京东读书：精准洞察阅读兴趣，实现主题式推荐。京东读书凭借其庞大的用户基础和先进的数据处理技术，在个性化推荐领域取得了显著成效。平台通过对用户阅读行为的精细化分析，尤其是章节停留时长与跳转频率这两个关键指标，精准识别读者的阅读兴趣点。当用户打开一本历史国学类书籍，在讲述先秦诸子思想的章节长时间停留，反复阅读关键段落，并且频繁跳转至相关人物典故的补充内容时，京东读书的算法系统迅速捕捉到这些行为信号。系统会将该用户的阅读模式与平台上其他具有相似行为的用户进行比对，构建起一个兴趣相似的用户群体画像。基于这个画像，算法从海量的图书资源中筛选出同类主题的图书，无论是经典的历史国学著作，还是新近出版的研究成果，都会被纳入推荐列表，优先展示给目标用户。这种基于深度行为分析的推荐方式，让读者能够便捷地发现更多符合自身兴趣的历史国学类书籍，极大地满足了他们在该领域深入探索的需求，使得京东读书在历史国学、心理学等特定主题图书的推荐精准度上领先于许多同类平台，有效提升了用户对平台的认可度与忠诚度。

2. 选题策划与内容优化：数据驱动的创新引擎

在数字化浪潮的席卷下，出版行业正经历着深刻变革，数据已成为驱动选题策划与内容优化的核心动力，宛如一台强劲的创新引擎，为出版业的发展注入源源不断的活力。

（1）人民卫生出版社的课程思政内容优化。人民卫生出版社致力于医学教育领域的内容创新与优化。为提升医学教育案例库的质量与实用性，人民卫生出版社深入分析用户行为数据。通过在案例库平台上设置数据监测点，收集用户在浏览案例页面时的停留时长、案例下载频次及用户在不同案例板块间的跳转路径等多维度数据。经过对这些数据的深入挖掘与分析，发现部分案例存在结构复杂、重点不突出的问题，导致用户在浏览时停留时间短，难以快速获取关键信息，下载频次也较低。同时，在交互设计方面，一些操作流程不够便捷，影响了用户体验。基于这些数据反馈，人民卫生出版社对案例库进行了全面优化。在案例结构方面，重新梳理案例内容，突出重点知识点与临床应用价值，采用简洁明了的结构呈现案例，如设置"案例背景—问题提出—解决方案—经验总结"的标准化结构。在交互设计上，简化操作流程，优化页面布局，增强界面的友好性与易用性。优化后的案例库取得了显著成效，教师使用率提升了30%。这一成功案例不仅为医学教育提供了更优质的教学资源，也为出版行业在教育领域的数据应用树立了典范，被《出版业用户行为大数据分析与应用重点实验室年度报告》收录，成为行业内数据驱动内容优化的经典案例。

（2）广西人民出版社"家风三书"系列的内容调整。广西人民出版社在推出"家风三书"系列时，高度重视读者反馈，并运用情感分析技术对读者评论进行深入研究。通过在各大电商平台、阅读分享社区收集读者对"家风三书"系列的评论数据，运用情感分析算法，对评论中的情感倾向进行量化分析。分析结果显示，读者对《治家》一书存在一些反馈，如"案例生动性不足""叙事逻辑需强化"等。针对这些反馈，出版社迅速组织编辑团队与作者进行沟通，对《治家》进行内容调整。在案例选取方面，编辑团队与作者深入生活，挖掘更多真实、生动且具有代表性的家风案例，如选取一些具有地域特色、时代特征的家庭故事，使案例更具吸引力与感染力。在叙事风格上，优化叙事结构，采用更流畅、连贯的叙事方式，增强故事的逻辑性与可读性。例如，以时间线为脉络，讲述一个家庭在不同历史时期传承家风的故事，使读者能够更好地理解家风的延续与发展。经过内容调整后，《治家》入选"中国好书"，复购率提高了25%，读者满意度提升40%。这一案例充分证明了通过对读者评论的情感分析，能够精准把握读者需求，对图书内容进行针对性优化，从而显著提升图书质量与读者认可度，为出版行业在内容优化方面提供了宝贵经验。综上所述，在选题策划与内容优化的各个环节，数据发挥着不可替代的关键作用。出版行业相关从业者应充分认识到数据的价值，积极运用数据驱动的方法，不断创新与优化出版流程，以满足读者日益多样化的阅读需求，推动出版行业在数字化时代实现高质量发展。

3. 精准营销与用户留存：从流量到价值的转化

在竞争日益激烈的出版市场中，精准营销与用户留存成为出版机构实现可持续发展的关键环节。通过对用户数据的深入分析，出版机构能够精准把握用户需求，制定个性化营销策略，实现从流量到价值的高效转化。

出版机构对用户数据进行全面收集与整合，涵盖用户的购买行为、阅读偏好、社交互动等多维度信息。其中，根据用户最近购买时间、购买频率与消费金额这三个关键指标，对用户进行价值等级划分。对于高复购用户，他们对出版机构的产品忠诚度高，消费能力较强，出版机构针对这一群体的特点，推送限量版图书预售信息。限量版图书通常具有独特的设计、稀缺性及收藏价值，能够极大地激发高复购用户的购买欲望。而对于低频用户，他们可能由于各种原因减少了购买行为，出版机构则实施折扣唤醒策略。通过发送专属折扣优惠券，如满减券、折扣码等，降低他们的购买成本，刺激其重新产生购买兴趣。这种基于用户价值细分的营销策略，能够精准触达不同类型用户，提高营销效果。

此外，出版机构还结合库存数据与用户偏好实时调整电子书价格。在数字出版时代，电子书销售占据重要地位。通过实时调整价格，出版商既能快速清理库存，又能提高用户购买转化率，实现资源的优化配置。

（1）接力出版社"怪物大师"系列❶：深挖粉丝社群数据，拓展多元营销。接力出版社的"怪物大师"系列在出版市场上取得了显著成功，其中数据驱动的营销模式发挥了关键作用。接力出版社高度重视粉丝社群的建设与运营，通过对粉丝社群的互动数据分析，精准把握粉丝需求，开展针对性营销活动。

在数据收集方面，接力出版社借助专业的社群管理工具，收集粉丝社群内的话题讨论热度、同人作品数量等多维度数据。在话题讨论热度分析中，发现粉丝对"怪物大师"系列中的角色背景故事、神秘怪物设定等话题讨论热烈，这表明粉丝对作

---

❶ 新时代文学创作趋势分析［EB/OL］.（2025-01-14）［2025-04-11］. https://www.chinawriter.com.cn/n1/2025/0114/c404071-40401755.html.

品的世界观构建有着浓厚兴趣。同时，同人作品数量众多，涵盖绘画、小说、漫画等多种形式，反映出粉丝对该系列作品的深度喜爱与创作热情。

基于这些数据分析结果，接力出版社制定了富有创意的营销方案——开发周边文创产品。❶根据粉丝对角色的喜爱，设计并推出了人物立牌、纪念币等周边产品。人物立牌选取了系列中人气最高的角色形象，以精美的工艺制作而成，满足了粉丝对角色实体化的需求；纪念币则融入了作品中的经典元素，具有较高的收藏价值。这些周边文创产品一经推出，便受到粉丝的热烈追捧。

周边文创产品的成功推出不仅带动了自身的销售，更对"怪物大师"全系列图书的销售起到了强大的拉动作用。粉丝在购买周边产品的过程中，进一步加深了对作品的情感连接，激发了他们对全系列图书的购买欲望。这一系列营销举措使得"怪物大师"全系列发货超40万册，该案例凭借其创新性与显著成效，被《中国数字出版产业年度报告》列为"数据驱动营销"典范，为出版行业在粉丝经济时代的营销创新提供了宝贵经验。

（2）江苏凤凰新华书店❷的本地化营销：融合短视频与LBS技术，精准触达用户。江苏凤凰新华书店集团有限公司积极探索数字化时代的营销新模式，通过入驻抖音本地生活服务，结

---

❶ 出版社如何提升粉丝忠诚度与转化率［EB/OL］.（2019-05-10）［2025-04-11］. https://www.cbbr.com.cn/contents/502/34623.html.

❷ 凤凰新华明确2024工作思路：向打造综合文化服务商转型［R/OL］.（2024-03-15）［2025-04-11］. https://www.jssxwcbj.gov.cn/art/2024/3/15/art_34_78238.html.

合短视频展示与 LBS（地理位置服务）技术，实现了精准营销与用户留存率的显著提升。

在入驻抖音本地生活服务后，江苏凤凰新华书店充分利用抖音平台的短视频❶优势，制作并发布了一系列展示亲子阅读场景的短视频。这些短视频精心策划，以温馨、有趣的画面展现家长与孩子共同阅读的美好瞬间，吸引了大量家庭用户的关注。在视频内容中，书店员工巧妙地推荐适合亲子阅读的图书，介绍图书的内容亮点、教育价值等，引发了用户的兴趣。

同时，江苏凤凰新华书店结合 LBS 技术，根据用户的地理位置信息，精准推送门店优惠券。当用户在抖音上浏览到书店的短视频时，系统会根据用户所在位置，推送距离其最近门店的优惠券，如满 50 元减 10 元、购书 8 折券等。这种精准推送策略，极大地提高了优惠券的触达率与使用率。用户在看到心仪的图书推荐后，又能获得附近门店的优惠券，从而更有动力前往门店消费。

通过这一系列本地化营销举措，江苏凤凰新华书店取得了显著的经济效益。实现销售额 200 万元，优惠券核销率超 70%。这一成功案例充分展示了在数字化时代，传统实体书店通过融合新兴技术与平台，能够精准触达目标用户，提升用户到店率与购买转化率，实现从线上流量到线下价值的有效转化，为实体书店的转型发展提供了可借鉴的路径。

---

❶ 凤凰新华：擦亮"金字招牌"，打造航行于书海的"文化方舟"［EB/OL］.（2024-04-17）［2025-04-11］. https://jjkfq. nanjing. gov. cn/gzdt/202404/t20240422_4213970. html.

第五章

区块链：
重塑出版业的价值链

一、区块链的基本原理

区块链（Blockchain）是一种分布式数据存储、点对点传输、共识机制、加密算法等计算机技术的新型应用模式。❶ 区块链大致经历了技术起源、区块链 1.0、区块链 2.0 三个阶段。相比于传统的网络，区块链具有数据难以篡改和去中心化的两大特点，使得区块链所记录的信息更加真实可靠，并能够解决人们互不信任的问题。其技术来源主要包含 P2P 网络技术、非对称加密算法、数据库技术及数字货币技术。整个区块链由所有网络节点共同维护，每个节点都有完整的数据库副本，并且通过共识机制确保数据的一致性。目前，区块链技术已经被广泛应用于金融、供应链、物联网、身份认证、医疗、版权等众多领域。在未来，随着技术的不断发展和完善，区块链将得到更多的创新应用，如与人工智能、大数据、云计算等融合发展，

---

❶ 田海鑫. 区块链技术和理念在同案同判中的应用 ［N］. 人民法院报，2019-11-14（002）.

实现跨行业、多领域协同发展。❶

区块链技术是一种分布式账本技术，它允许数据以"块"的形式被存储和加密，这些"块"通过加密手段链接在一起，形成一个不断增长的链。每个"块"包含了一系列交易记录，只要这些记录被添加到区块链当中，后续无法更改或删除它们，由此便能确保数据的不可篡改性和透明度。

区块链技术的核心特点是去中心化、不可篡改性和透明度。去中心化意味着不需要通过中央权威机构来验证交易，每个参与者都可以直接参与到交易验证过程中。不可篡改性保证了一旦数据被记录在区块链上，就无法被更改或删除，为数据的安全性和可靠性提供了保障。透明度则意味着所有的交易记录都是公开的，任何人都可以查看，增强了系统的信任度。

区块链根据应用场景和设计不同，主要分为公有链、联盟链和私有链。

（1）公有链（Public Blockchain）。以所有数字货币为代表，任意区块链服务客户均可使用，任意节点均可接入，所有接入节点均可参与读写数据的一类区块链部署模型。

（2）联盟链（Consortium Blockchain）。各个节点通常代表实体组织机构或个人，通常需要经过授权后加入或退出网络。由于各机构间通常存在相关利益，因此需要各方共同参与和维护。

（3）私有链（Private Blockchain）。各个节点的准入和退出

---

❶ 中国通信标准化协会物联网技术委员会. "物联网+区块链"应用与发展白皮书［J］. 电信工程技术与标准化, 2019, 32（11）: 11.

权限均由内部控制，通常是在特定机构内用于内部数据管理与审计。

区块链技术有以下 6 个特征。

（1）去中心化（Decentralization）。区块链不依靠中控机构，而是通过网络上的许多节点共同作用，维护数据记录。且每个节点都存储有数据的副本，使得整个系统更加透明，强化抗审查和抗故障能力。

（2）透明性（Transparency）。在区块链上进行的所有交易都是公开的，任何人都可以查看交易记录和历史。这种透明度增强了系统的信任度，尤其是在需要公开审计的应用场景中。

（3）安全性（Security）。区块链使用加密技术保护数据，确保交易的安全性和隐私性。每个区块都通过加密的方式与前一个区块链接起来，形成一个不可更改的链，从而防止数据篡改。

（4）不可篡改性（Immutability）。一旦数据被记录在区块链上，就无法被删除或修改。这是因为每个区块都包含前一个区块的加密散列值，任何对已有区块数据的修改都会导致散列值不匹配，从而被网络检测和拒绝。

（5）共识机制（Consensus Mechanism）。区块链网络通过共识机制来验证和记录交易，确保网络中的所有参与者都同意数据的有效性。常见的共识机制包括工作量证明、权益证明等，它们确保了网络的去中心化和安全性。

（6）智能合约（Smart Contracts）。区块链允许在其上运行智能合约，这是自动执行的程序，当满足预定条件时会自动执行合约条款。这使得区块链技术不仅限于交易和记录，还能够自动执行、控制和记录复杂的操作。

由于这些特点，区块链技术被认为是一种具有革命性的技术，它有潜力改变许多行业的运作方式，包括金融、供应链管理、医疗保健、知识产权管理等。在出版行业，区块链技术同样展现出了其独特的价值和潜力，特别是在版权管理、防治盗版等方面。

二、区块链在出版业中的应用

《出版业"十四五"时期发展规划》提出实施出版领域区块链技术创新应用工程。与之呼应的是，《CY/Z 32—2023 出版业区块链技术应用标准体系表》列出了基础类、通用服务类、安全和管理类、产品服务类四大类共 31 项标准。❶

区块链以分布式存储、多点化验证、数据不可篡改为主要特征，从根本上变革了互联网数据的组织方式，是继云计算、大数据等新兴技术之后，在全球范围内具有影响力的新兴技术。

在传统出版领域，出版机构积极探索和实践用技术手段对版权内容的保护方案，借助版权认证系统，运用区块链、非对称加密和时间戳等技术手段，为原创作品实施版权确权与证据保全，有效预防版权侵犯行为的发生。充分利用区块链的去中心化、不可篡改、透明性等特征，在区块链架构中，作者与读者资源得以高效管理，市场信息得以深入挖掘，出版物流通路径可追溯，出版企业运营管理得到优化。出版流程的"产—供—销"环节及各类数据的管理，均在区块链上实现存储、传

---

❶ 左志红. 区块链虚拟现实等在出版业应用将有规可依［N］. 中国新闻出版广电报，2023-07-17.

输和处理，确保了数据的可靠、安全与真实。企业经营活动所产生的数据可信度提升，数据才有价值，价值的提升延展扩大了区块链技术在传统出版业的应用场景。

在数字出版领域，以往利用单一的网络平台公然传播盗版内容的方式，逐渐转为利用网盘、社交平台、二手交易等多平台相互关联、快速传播，侵权行为呈现"去中心化"的特征。❶鉴于侵权者发布侵权信息的平台多变，侵权链接和关键词持续演变，识别侵权主体颇具挑战，这大大提升了打击盗版工作的复杂性。依托大数据和区块链技术，积极预防与控制侵权行为，构建智能化、专业的版权管理系统，利用区块链的去中心化、不可篡改、透明公开和可靠安全的特性，强化对侵权行为的在线辨识、实时监控、源头追踪，针对出版业的痛点与难点，结合数字化转型，为出版业的改革与发展提供了有效的解决策略。

（一）发行路径可追溯

书籍的出版和销售是出版业的一个重要组成部分。当前，图书流通中存在着盗版、退货混乱和非法流通等问题。借助区块链技术的可溯源性，可以有效地保证在卖书的全流程中实现透明、可追溯，从而更好地跟踪销售渠道。区块链可以将印刷、发行、书店、读者等各个环节有机地结合起来，使之能够实时地记录信息，从而建立起一个完整的生产、销售链条。对于一些特定的情形，如到期下架、追踪发行路径、产品回收等，可以快速作出反应，减少风险，提高发行效率。

---

❶ 穆向明. 基于区块链技术的数字版权保护新思路——《2018年中国网络版权保护年度报告》评述 [J]. 出版广角，2019（19）：91-93.

（二）版权资源管理

图书出版业长期存在知识产权保护难的问题。著作权保护难、确权难、维权成本高是当前出版行业在知识产权保护领域面临的主要问题，区块链技术的透明性、不可篡改性和去中心化等特点能够很好地解决这些问题。

在区块链技术的共识机制下，图书版权信息被安全存储于作者、出版机构、版权管理机构等多个分布式信息节点之中。该技术为每一部作品赋予确切的时间戳，迅速记录作者身份、创作时间及内容详情，确保任何用户都能随时查询区块内版权信息。任何对出版信息的修改，均需通过多方的共识审核，单方面无法进行篡改，从而有效维护知识产权的安全。更新后的版权数据能够自动且实时同步至各个节点，同时保留原有信息，确保了版权追溯的准确性与可靠性。版权信息的可信度得到提升，有助于增强著作权人对出版机构的信任，降低维权所需成本。此外，区块链的匿名特性也减轻了匿名或笔名作者在著作权登记过程中的隐私顾虑，确保了他们在作品传播和收益分配过程中的个人隐私和商业秘密安全。

（三）作者资源管理

出版机构拥有丰富的作家资源，若能准确评估作者的写作能力，将有助于提升作家资源的整合效应。在机构发展的初期，编辑人员与众多作者建立了联系，对他们的创作状态有较深入的了解。但随着时间的推移、编辑团队的更迭及作家资源的不断扩充，作家信息在交接过程中容易出现遗漏。因此，在为新项目挑选最合适的作家时，常常会遇到不少挑战。利用区块链技术可以很好地解决这个问题。例如，作者和出版社初次合作时，编者可以根据作者的履历和写作能力等信息，对作者数据库进行初始化，从而构建出每个作者的能力模式。在此基础上，作者还可以通过编辑或者作者自己进行更新，或者利用大数据对作者数据进行不断的改进，从而达到对作者的整个创作过程的追踪。若作者顺利完成专案文稿，则其能力模式的评估分数会随之增加，模式亦会随之修正，进而持续充实出版社所拥有的作者资料库。

（四）市场数据挖掘

市场数据包括市场热销话题、读者反馈、出版物评论、出版动态报道等，在前期选题策划和后期营销宣传，以至再版修改订正环节均有参考价值。读者资源对出版机构的选题、营销、发行等环节意义重大。❶ 当前出版企业在经营过程中主要获取图书印制量、分销渠道及销售总量等基础性流通数据，但在终端用户画像构建方面存在显著局限。具体表现为难以追踪个体读者的消费轨迹，且缺乏对用户评价反馈体系及潜在阅读需求的动态监测能力。

通过部署分布式协作机制，出版产业链各节点可依托智能合约技术架构实现用户数据的深度解析。在业务实践中，出版方可通过设计链上激励机制（如会员权益体系、阅读积分兑换、定制化赠阅服务等），有效引导读者参与数据共建。该技术方案

---

❶ 姚顺，张彬. 区块链技术赋能图书出版业应用场景研究［J］. 中国出版，2022（2）：51-54.

不仅完善了用户行为数据采集维度，更通过增强用户参与感实现了双重价值转化：一方面提升读者社区活跃度；另一方面将传统的数据提供者角色升级为内容共创主体，构建新型出版生态关系。

(五) 出版经营管理

区块链的智能合约功能为出版机构组织管理效能提升提供了技术支撑。该功能本质上是对传统契约关系的数字化升级，其运行机理在于将业务流程转化为可验证的程序化执行机制。以出版项目管理为例，机构可将项目全周期任务（包含选题立项、内容编校、营销策略及渠道分发等环节）编码为智能合约，实现工作流的自动化推进。得益于区块链的去中心化特性与防篡改特性，该系统构建了具有强制约束力的协作框架：当员工确认承接具体任务后，系统即自动配置所需资源，消除传统审批流程的行政延迟；在任务达成预设绩效指标后，薪酬结算模块触发即时结算机制。这种透明化管理模式既提升了运营效率，又通过权责可视化机制增强了员工的主观能动性。该技术模型具备显著的可扩展性，可适配出版行业多元管理场景：在版权交易领域实现版税分配的智能清算；在采购环节构建供应商准入的自动化评估体系；在编审流程中建立质量追溯机制等。各参与方通过链上缔约完成权责约定，后续业务流程将严格遵循协议条款自主执行，形成标准化、可验证的行业协作范式。

三、区块链如何保障出版物的知识产权

区块链技术可在原创确权、版权查询、数据存证、版权认

证、授权转载、数据取证、版权转让和维权仲裁等方面保护原创作者，降低维权成本，提高维权时效。

（一）知识产权注册

区块链技术可以用于创建不可篡改的知识产权登记系统。通过将知识产权的信息记录在区块链上，可以确保这些信息的安全性和不可篡改性，从而有效地保护知识产权。注册登记过程中，知识产权的所有者可以将相关信息，如作品的创作日期、创作者、内容等，记录在区块链上。由于区块链的去中心化、透明性和不可篡改的特性，这些信息一旦上链，就无法被篡改或删除，从而保证了知识产权的真实性和可信度。

2022 年，中国版权保护中心与蚂蚁集团蚂蚁链合作共建数字版权链（DCI 体系 3.0），这是由版权中心创新提出的具备自主知识产权的数字版权公共服务创新模式。数字版权唯一标识符（Digital Copyright Identifier，DCI）标准是数字版权链（DCI 体系 3.0）的基本内核，用于标识和描述数字网络环境下权利人与作品之间一一对应的版权权属关系，可视其为作品的"版权身份证"。❶ 需要注意的是，由于区块链的开放性，全体使用者都可以比较容易地查找作品的最初创作者，从而确认其权利。对于商标和专利权，需要经过审核，因此基于区块链的时间戳目前只能作为一种辅助工具。❷

---

❶ 范继红. 版权保护与产业创新——为高质量发展赋能 [J]. 中国版权，2023（3）：56-59.
❷ 陈永伟. 用区块链破解开放式创新中的知识产权难题 [J]. 知识产权，2018（3）：72-79.

（二）知识产权授权

区块链技术应用于建立知识产权的授权和许可管理系统。通过智能合约和区块链的透明性，可以更好地管理知识产权的授权和许可，确保各方权益得到保护。在注册过程中，创作者可以将自己的作品授权给其他人或机构使用，并通过智能合约设定授权的条件、期限、费用等。应用区块链技术能够实现更加灵活的授权模式，创作者可以将作品的不同部分分别授权给不同的用户或机构，或者设置不同的访问权限和费用。在过去，很难将某一知识产权分开授权，著作权分为"保留所有权利"和"不保留任何权利"两种情况，区块链技术的应用可以实现分开授权，记录某种权力的授权状况，通过合约的方式对其加以保证。这种灵活性使得授权过程更加符合实际需求，促进了知识产权的有效利用。

（三）智能合约和权限控制

区块链技术通过加密技术确保交易和数据的安全。在区块链平台上，所有的交易和数据都被加密处理，只有持有相应密钥的用户才能访问和修改。这种加密机制可以有效防止未经授权的访问和篡改，确保作品的安全性和完整性。同时，区块链技术通过智能合约实现权限控制。在基于区块链技术的系统中，一般采用智能合约来编写业务逻辑并将智能合约部署到区块链上，通过交易命令触发并调用执行预先定义规则的一段计算机程序代码，实现价值的存储、传递、控制和管理。❶ 出版工作实践中，可以利用智能合约控制作品的访问权限和分发范围。例如，创作者可以在智能合约中设置只有支付了版税的用户才能获得作品的访问权限，或者限制作品在特定平台或地区的分发。这种权限控制机制可以有效保护创作者的权益，防止作品被非法复制和传播。

目前，权限控制在数字音乐版权保护方面的应用较多，杭州云象网络技术有限公司通过使用 VNT Chain 区块链平台设计构建了一个数字音乐版权管理系统，在其中利用区块链技术为音乐版权提供存证性证明以及实现证据固化，采用 Shazam 算法为音乐版权提供原创性证明，并基于智能合约保障交易的安全可靠。

（四）知识产权的引用和追溯

区块链技术还通过公开透明的交易记录来增强版权保护。在区块链平台上，每一次的交易记录都被永久记录并公开可见，这意味着任何人都可以查看作品的交易历史、版权归属和授权情况。这种公开透明的机制可以有效减少版权纠纷的发生，并为创作者和出版商提供有力的证据支持。

具体来说，就是通过分布式的大众记账模式，一系列共识机制来选定相应的记账节点，并为对应的数据加盖时间戳。时间戳技术为确权体系构建提供了核心支撑，其技术实现依托多节点协同验证网络，通过加密存证形成不可篡改的权属认证链

❶　张国潮，唐华云，陈建海，等. 基于区块链的数字音乐版权管理系统［J］. 计算机应用，2021，41（4）：945-955.

条。该技术方案通过构建不可逆的验证链条，使权利主体的身份认证信息获得加密保护，从而实现创作物权的精准溯源。当作品权属发生变更时，系统通过分布式共识机制触发验证程序，在完成权属转移认证后生成新一代时间戳标识，并将该操作记录同步更新至分布式账本架构。这种动态更新的存证模式可有效防范权利凭证的非法篡改或恶意替换，确保著作权登记信息的完整性与连续性。

基于智能合约框架构建的知识产权交易追溯系统，能够完整记录权力流转过程中的所有权变更轨迹。该机制不仅可实时验证权力归属状态，还能回溯历史交易节点数据，在发生权属争议时提供包含时间维度、操作主体及交易凭证的立体化证据链。特别是在跨境版权交易场景中，这种具备时间序列特征的区块链存证数据，可显著增强司法取证的可信度与采信效率。

(五) 知识产权的侵权监测

在区块链技术的支持下，作者在发表和出版文章、书籍或其他任何文学作品时，可以将可识别的数据上传到公共分类账上，所进行的更新也会被时间戳记录下来，完全公开透明，并且可以建立相关的智能合约来检查主链或进行匹配工作。❶ 当系统检测到数字作品副本重复存证时，将自动触发链上确权流程，通过比对时间戳序列与节点验证记录，精准定位初始权利人。该机制依托区块链的加密存证特性，构建去中心化的权属判定模型，确保创作优先权的技术确认。

---

❶ 田新华. 基于区块链技术的馆配电子书出版交易平台的构想——以高校图书馆馆配电子书资源建设为视角 [J]. 新世纪图书馆, 2019 (5): 44-48.

在未检索到重复数字资产的情况下，系统将自动授予原创认证标识并生成专属数字指纹。这种基于哈希值比对的确权算法，使得作品的独创性获得不可抵赖的技术背书，为创作者构建起防伪化的版权护盾。对于内容侵权风险，可部署专项剽窃检测智能合约。该程序通过语义切片技术对链上存证作品进行矩阵化解析，采用余弦相似度算法实施跨链内容比对。当检测到文本相似度超出预设阈值时，系统将自动触发侵权预警机制，对疑似抄袭片段进行异常标注，并生成包含侵权比例、相似段落定位的可验证报告。

该检测模型通过机器学习持续优化特征提取能力，能够识别语义替换、语序调换等高级抄袭手段。结合数字水印技术与跨平台检索接口，形成覆盖创作、传播、使用全流程的立体化版权保护网络，显著提升侵权行为的发现概率与举证效率。利用区块链技术检测侵权行为，能够有效遏制侵权行为的发生，从根源上阻止侵权行为的发生，避免由侵权行为带来的一系列问题。

（六）知识产权的维权和仲裁

2018 年 6 月 28 日，杭州互联网法院对一起侵害作品信息网络传播权纠纷案进行了公开宣判，这是中国司法首次对采用区块链技术存证的电子数据的法律效力予以确认。2018 年 9 月 7 日起施行的《中国最高人民法院关于互联网法院审理案件若干问题的规定》，承认了区块链存证在互联网案件举证中的法律效力，这是我国区块链技术手段首次得到司法解释认可的标志。

当前，国内区块链版权行业的应用大体可分为版权登记和版权交易两类，在我国版权领域的应用依据管理主体可划分为四类。

第一类，由司法机关和司法行政部门联合打造的司法联盟链，主要利用区块链技术完成链上记录的存、取证，以链上电子数据作为证据，使得版权权属与侵权事实证明责任的分配更加体现对创作者的关怀，同时可为版权案件司法实践提供便利；第二类，由社会团体以区块链技术为基础搭建的数字作品版权服务平台，为创作者提供从存证、认证到纠纷解决的全流程服务；第三类，由版权事业单位联合技术企业打造的版权登记平台，按照"区块链+版权"模式为数字作品提供登记、数字版权运营等服务；第四类，由企业自主研发，搭载区块链技术推出的版权作品上链服务，可上链作品类型较广，部分企业还尝试基于区块链智能合约提供版权交易、侵权救济等服务（如原本链）。❶

就当前发展趋势来看，司法联盟逐渐兴起，"政企合作"的区块链版权产业发展迅速。

四、应用实例：区块链在版权保护中的应用

随着数字经济的高质量发展，版权保护成为无法回避的关键问题，区块链技术在知识产权保护方面的应用潜力和巨大优势不断被发掘。

在技术层面，大模型时代到来，5G、区块链、AI、大数据、云计算等新技术迅猛发展，改变着内容生产方式，极大程度地

---

❶ 王世奇. 区块链技术在版权领域应用的现状、局限及成因研究 [J]. 河南科技，2023，42（17）：100-104.

丰富了作品的传播方式，催生了新的版权商业模式和平台，DCI体系的不断完善为数字版权提供了"唯一标识"。在政策层面，"区块链存证"效力范围明确、认可度提高，从官方层面设置数据真实性审查规则；我国互联网法院通过构建司法联盟链体系，创新性实现区块链技术在版权司法保护中的深度应用。北京、杭州、广州三家互联网法院依托加密存证与时间戳协同机制，构建起具备自我验证特性的电子证据体系，其中广州互联网法院率先完成全流程链上司法闭环。该技术通过智能合约预设验证规则，使版权登记、侵权取证等环节实现自动化校验，结合哈希值实时比对与跨链验证接口，确保证据链完整可溯且防篡改。该技术有效缩短了相关著作权案件的审理周期，提高了案件当庭庭审效率。实践层面，技术与政策的不断完善，带动企业积极进行版权登记注册，权利人维权成本降低，"短视频模板案""短视频 MCN 侵权案"等有代表性的数字版权纠纷中，"区块链存证""区块链确权"频频出现，并对审理结果产生重要影响。

【辅文】

2021 年 6 月 16 日，最高人民法院公布了《人民法院在线诉讼规则》（以下简称"规则"）。其中，确定了区块链存证效力范围和审查标准。规则根据区块链技术的特点，确认了区块链存储数据具有推定上链后未经篡改的效力，并分别明确了上链后数据真实性和上链前数据真实性的审查认定规则，首次对区块链存储数据的真实性认定作出规则指引，这将有助于当事人积极利用区块链技术解决电子数据"存证难""认证难"的困境，提升人民法院证据认定效率，推动完善互联网时代新型证据规则体系。

规则第十六条：当事人作为证据提交的电子数据系通过区块链技术存储，并经技术核验一致的，人民法院可以认定该电子数据上链后未经篡改，但有相反证据足以推翻的除外。

规则第十七条：当事人对区块链技术存储的电子数据上链后的真实性提出异议，并有合理理由的，人民法院应当结合下列因素作出判断：

（一）存证平台是否符合国家有关部门关于提供区块链存证服务的相关规定；

（二）当事人与存证平台是否存在利害关系，并利用技术手段不当干预取证、存证过程；

（三）存证平台的信息系统是否符合清洁性、安全性、可靠性、可用性的国家标准或者行业标准；

（四）存证技术和过程是否符合相关国家标准或者行业标准中关于系统环境、技术安全、加密方式、数据传输、信息验证等方面的要求。

案例二："版权家"应用平台

2017年3月，中国版权保护中心建立了DCI体系。该体系"可以在区块链技术的支持下实现以数字作品的版权登记、交易结算、监测取证为核心的版权公共服务创新模式"。

　　"版权家"版权综合服务平台由厦门安妮股份有限公司创设，采用"区块链确权+DCI登记"模式，应用人工智能、区块链、云计算、大数据等技术进行开发，利用区块链技术分布式记账、不可伪造、不可篡改、可溯源的特点，为图像、视频、音频等多种形态数字作品提供数据不可篡改、全网可追踪、可追溯的授权保护机制，同时在数字作品的创作、确权、存证、展示、评价、交易、支付、维权的全生态提供全生命周期的服务，为权利人提供数字版权确权存证服务。

　　知识产权登记注册方面，"版权家"平台构建多模态版权管理矩阵，针对图文、音视频、软件代码等异构数字内容，建立"权属登记—授权追踪—收益清算"的全生命周期管理体系。该平台通过分布式账本技术将创作主体、使用方及中介机构纳入联盟链节点网络，实现授权协议、转授权记录及使用数据的实时上链存证。基于智能合约构建的自动化交易系统，在确保链上数据透明共享的前提下，精准匹配权力许可与使用需求，通过预设定价算法实现版税智能清算，同时依托可编程支付协议完成收益的即时分配，有效解决传统版权交易中的信息不对称与履约滞后问题。

　　知识产权溯源及侵权行为监测方面，"版权家"版权服务系统集成分布式网络爬虫架构与多源异构数据仓库，构建起数字版权全天候实时监测体系。该平台通过部署深度神经网络算法，对链上存证作品进行多维特征向量建模，结合卷积神经网络（CNN）与自然语言处理（NLP）技术，实现对全网文本、图像、音视频内容的跨模态相似度检测。当检测到疑似侵权内容时，系统自动触发三级响应机制：首先通过区块链存证机器人完成侵权页面的自动化固证，生成包含时间戳、哈希值及地理位置信息的司法存证包；其次运用智能合约构建侵权图谱分析模型，追溯侵权行为传播路径；最后由智能决策引擎生成包含侵权评估指数、赔偿计算模型及最优维权路径的处置建议书，推送至权利人终端。该体系通过三大技术突破重构版权保护范式：其一，基于联邦学习框架的增量训练机制，使侵权识别准确率持续优化（当前达 98.7%）；其二，构建包含民事追偿、行政举报、刑事控告的智能维权矩阵，使单次维权周期从传统模式的 42 天压缩至 7.5 天；其三，通过链上信用评价系统对反复侵权主体实施节点封禁，2023 年运营数据显示，该机制使恶意侵权复现率下降 63.2%。

"版权家"所代表的"区块链确权+DCI 登记"模式，通过智能合约实现存证登记的一体化操作。用户在完成链上存证后，可触发自动化 DCI 申领流程，系统基于密码学算法生成包含作品数字指纹与权属关系的电子认证证书，该证书经国家版权节点验证后同步写入分布式账本。[1] 为强化创作生态治理，平台在内容上链环节部署多级原创性审查机制：首先，通过语义指纹匹配算法进行特征向量建模，比对作品库内现有数据；其次，运用迁移学习框架识别跨媒介内容的实质性相似；最后，依据预设的相似度阈值（文本类 15%、图像类 12%）实施链上拦截。

在确权效力层面，区块链存证具有法律效力的双重维度：一方面，基于时间戳的存证记录构成《中华人民共和国电子签名法》认可的初步权属证据；另一方面，需结合创作过程文档

---

[1] 袁啸昆，袁玥，向雨心，等. 构筑信任，链向未来：区块链技术在著作权领域应用现状研究 [J]. 上海法学研究，2020，3（1）：56-90.

形成完整证据链以强化证明力。司法实践中，该机制可能触发举证责任转移规则——当侵权方主张合法来源时，若权利人能提供全周期创作存证，则可依据《中华人民共和国著作权法实施条例》第十五条认定侵权恶意，反之则可能反向确权。这种技术赋权的双向验证特性，既构建了创作准入的技术屏障，又为司法裁量提供了动态平衡的判定框架。

案例三：区块链第一案

2018年6月27日，杭州互联网法院对"杭州华泰一媒文化传媒有限公司（以下简称"华泰一媒公司"）诉深圳市道同科技发展有限公司（以下简称"道同公司"）著作权侵权纠纷"作出一审判决，成为全国范围内首例认可区块链存证技术的案件，该判决中对区块链电子存证技术的认定可以视为区块链技术在中国司法实践运用中的一个里程碑，同时也为网络游戏公司在诉讼案件中经常面临的"取证难"这一大痛点难点问题增加了一个新的选择。❶

起因

华泰一媒公司发现道同公司未经授权在网上转载了自己的作品，侵害了自己的信息网络传播权，故诉至法院。

这本是一起普通的著作权侵权案件，但不普通之处在于，华泰一媒公司采取了特殊的存证技术：区块链存证。也就是华

---

❶ 冯晓青. 杭州华泰一媒文化传媒有限公司诉深圳市道同科技发展有限公司侵害作品信息网络传播权案［EB/OL］.（2021-05-31）［2025-04-07］. https://www.chinacourt.org/article/detail/2021/05/id/6070735.shtml.

泰一媒公司没有采用传统的公证手段对道同公司侵权事实进行公证，而是通过第三方保全网站对侵权链接进行抓取和源码识别，随后即将网页截图、源代码和调用信息打包压缩，计算出SHA256值后上传至FACTOM区块链和比特币区块链中。

对这种采用新型复杂技术手段进行存证固定的电子数据，杭州互联网法院秉持了开放、中立的态度，在判决中对其技术细节进行了详细阐述，并发布了《民事诉讼电子数据证据司法审查细则（试行）》（以下简称"细则"），表明了司法审查的原则和具体标准。

具体而言，法院在认定采用区块链技术取证、存证的电子证据时，从平台的资质、侵权网页取证的技术手段可信度和区块链电子证据保存完整性三个方面进行了考量，最终认可了案涉电子证据的效力。虽然我国并非判例法国家，但本案对区块链存证的认可，无疑在客观上破开了一个口子，意味着同样类型的存证方式将获得法院的认可。

反思

在网络游戏行业中，侵权现象频发，但是在维权过程中，侵权取证问题一直是维权的巨大障碍之一。例如，在新型的买量推广方式下，侵权美术素材经常随机性不定时地出现，这时候对于维权企业保全证据又增加了新的困难。在过去，维权的公司要固定侵权证据往往有两个选择：要么自己手动截图或录屏，要么进行公证。但问题是，手动截图或录屏的内容可能被篡改，也不必然能够确定案涉主体的身份，真实性往往存疑，法院未必予以认可。而公证在效力上自然是没有问题了，但成本也令人咋舌，而且在发现侵权行为与进行公证之间必然有一个不短的时间差，证据面临灭失的危险。因此，对网络游戏公司而言，两种手段或许都不是最好的选择。而区块链存证技术在司法实践中被认可，无疑给了网络游戏公司一个全新的、物美价廉的选择。

尝试

相较于传统存证手段，区块链存证有许多的闪光点。

首先，区块链存证技术属于第三方公证，可信度相对较高。同时，去中心化结构和时间戳证明可以保证电子证据的每一次存取和变动都将被记录下来，所保全的数据的被分散存储，客观上可以保证不被任何人篡改。因此，客观上区块链存证的可信度是非常高的。对此，杭州互联网法院也予以了认可。

其次，尽管区块链存证的技术原理较为复杂，但实际操作却非常便捷，时间也更为自由。以网页取证为例，只需要输入侵权网页的完整网站统一资源定位符（URL）即可完成操作，操作简单易懂。完成取证后，下方会弹出取证记录，点击查看并下载保全，即可查看存证文件的 HASH 和网页取证保全书。

再次，杭州互联网法院推出了电子数据平台，第三方存证平台的电子数据可以同步备份到该平台。当案件进入诉讼程序后，已保存在电子证据平台的"数据身份证"还会与电子数据原文进行自动比对，判断电子证据后期是否被篡改，确保电子证据的真实性。

最后，区块链存证的成本并不高。根据某区块链取证网站的资费标准显示，公证一次仅需 2 元，相较于动辄数百上千元的公证费，无疑是非常亲民的价格，大大减少了游戏公司的诉讼成本。

第六章

云计算：
为出版业提供强大的计算与存储支持

    随着技术的发展，信息时代到来，云计算技术应需而生，云计算成为当前热门的技术名词。云计算是一类将多种计算机技术融合并用的新技术，其成熟度较高，从诞生之初至今，云计算已从新兴技术发展成为当今热点技术，近几年更是得到了快速发展，目前已广泛应用于各大网络应用中。[❶] 云计算也是一种新兴的商业计算模型，它能把各项任务汇集于虚拟资源库中，进而提升各个应用软件的计算功能、存储功能等。在云计算环境下，用户端能通过远程连接获得计算资源，用户只需支付所用的资源费用即可。

    云计算有以下特点。

    （1）抽象化特性。云计算具备抽象化的特点，用户无须受限于具体位置，可通过多样化的终端设备随时随地访问应用服务。由于用户所需的资源均源自"云"端，而非固定的物理实体，这一特性极大地简化了应用程序的使用过程。

    （2）超大规模架构。以谷歌为例，其云计算中心已部署数

---

    ❶ 崔兴道. 科技期刊编辑出版工作中云计算技术的应用 ［J］. 今传媒，2016，24（5）：131.

百万台服务器，而亚马逊、IBM、微软、雅虎等企业所运营的云计算平台规模同样庞大。这些平台通过高效整合与管理海量计算机集群，为用户提供了前所未有的计算与存储能力。

（3）高可靠性保障。云计算中心在软硬件层面采用了多重数据冗余机制，显著提升了容错率，从而确保了服务的高可靠性。这使得用户能够以极高的准确性利用云计算进行信息检索。此外，能源供应和网络连接等基础设施层面也采用了冗余设计，进一步增强了服务的稳定性。

（4）广泛适用性。云计算具有广泛的适用性，虽不专为特定应用设计，却能有效地支持大多数主流应用。一个"云"平台可同时支撑多种不同类型应用的运行，并确保各项服务的质量。

（5）高可扩展性。用户所使用的"云"资源可根据应用需求进行灵活调整和动态扩展。结合云计算中心本身的超大规模特性，"云"能够有效应对应用和用户规模的快速增长。

（6）按需服务模式。"云"作为一个庞大的资源池，用户可根据实际需求进行资源购买，实现资源的按需分配。

（7）低成本优势。首先，云计算中心的巨大规模带来了显著的经济效益和资源利用率的提升。其次，"云"平台多采用廉价的通用 X86 节点构建，使得用户能够充分享受云计算带来的低成本优势，通常只需花费数百美元即可完成以往需数万美元才能实现的任务。

（8）高度自动化。在云计算环境中，无论是应用、服务和资源的部署，还是软硬件的管理，均主要通过自动化方式执行和管理，从而大幅降低了云计算中心的人力成本。

（9）节能环保特性。云计算技术能够将分散在低利用率服务器上的工作负载整合到云端，显著提升资源使用效率。此外，由专业团队运维的云计算中心在能源利用效率（PUE）方面表现优异。例如，谷歌数据中心的 PUE 值约为 1.2，意味着每 1 元电力用于计算资源时，仅需额外花费两角钱用于制冷等设备，而普通数据中心的 PUE 值通常在 2~3。同时，云计算中心还可建设在水电厂等清洁能源附近，进一步节省能源开支并保护环境。

（10）完善的运维机制。在云端服务的另一端，全球顶尖的专业团队为用户提供高效的信息管理支持，同时依托世界领先的数据中心确保用户数据的安全存储。通过严格的权限控制机制，数据的安全性得到了充分保障。用户无需承担高昂的硬件和运维成本，便能享受到高度专业化的服务。正是由于这些显著优势，云计算不仅为用户带来了更加便捷的使用体验和更具性价比的成本效益，还使其在众多技术方案中脱颖而出，成为业界广泛认可和推崇的重要解决方案之一。

这些特点的存在，使得云计算能为用户提供更方便的体验和更低廉的成本，同时这些特点也是为什么云计算能脱颖而出，并且能被大多数业界人员所推崇的原因之一。

一、云计算的基本原理与架构

（一）云计算的基本原理

作为一种创新的资源交付与使用范式，云计算依托网络为用户提供所需的计算资源，其核心在于将传统分散于客户端和终端的计算任务集中迁移至"云端"，并借助互联网向用户提供服务。在这一过程中，计算任务通过分布式计算等技术手段，由多台计算机协同完成。用户仅需关注应用功能本身，而应用的开发与运维则由服务提供商负责，用户可根据自身需求灵活选择适合的应用服务。由此可见，云计算并非单一的工具、平台或架构，而是一种全新的计算方式。

从技术原理来看，云计算通过将计算任务分布到海量的分布式计算机集群中，而非依赖于本地设备或远程服务器，使得数据中心的运作模式更趋近于互联网的运行机制。这种架构使用户能够灵活地将资源调配至所需应用，并根据实际需求访问计算和存储资源。简而言之，云计算通过将普通服务器或个人计算机互联，实现了类似于超级计算机的高性能与高可用性功能，同时显著降低了成本。

云计算的普及打破了高性能并行计算仅限科学家和专业技术人员使用的壁垒，使普通用户也能便捷地享受并行计算带来的优势。这种变革不仅大幅提升了工作效率，也显著提高了计算资源的利用效率。从服务模式来看，云计算可被定义为一种通过互联网提供各类应用服务的技术架构，用户仅需通过浏览器即可访问服务，无需了解服务器的具体位置及其内部运行机制。这种模式具有革命性意义，标志着计算能力作为一种商品进入流通领域，其特点是获取便捷且成本低廉。

云计算的独特之处在于其完全基于互联网进行数据传输与服务交付。展望未来，随着技术的进一步发展，用户可能仅需一台笔记本电脑或智能手机，即可通过网络服务完成包括超级计算在内的各类复杂任务。从这个意义上说，云计算真正实现了计算资源的民主化，使最终用户成为计算能力的实际拥有者。

(二) 云计算的架构

云计算的体系架构主要由服务和管理两大模块构成。

1. 云计算的服务模块

在服务模块中，其核心目标是为用户提供多样化的云端服务，具体可分为三个层级：第一层级为软件即服务（Software as a Service，以下简称 SaaS），其主要功能是通过 Web 方式向用户提供应用程序服务；第二层级为平台即服务（Platform as a Service，以下简称 PaaS），该层级旨在为用户提供应用开发与部署的平台服务❶；第三层级为基础架构即服务（Infrastructure as a Service，以下简称 IaaS），其功能是将底层的计算、存储等资源以服务形式提供给用户。从用户视角来看，这三个层级因其提供的服务内容截然不同，彼此之间相对独立，且面向的用户群体也有所差异。然而，从技术实现的角度分析，这三个层级之间存在一定的依赖关系。例如，SaaS 的产品和服务不仅依赖于其自身的技术架构，还可能借助 PaaS 所提供的开发与部署环境，或者直接运行在 IaaS 提供的计算资源上。与此同时，PaaS 层的解决方案同样可能基于 IaaS 层的基础设施进行构建和扩展。这种层级间的依赖关系体现了云计算各服务层次之间的紧密协作与资源共享。

具体到 SaaS，它为企业提供了一种基于网络的商用软件访

---

❶ 颜骥，刘丙杰，潘应华. 基于云计算的智能测试保障体系构建 [J]. 测控技术，2020，39（12）：34.

问者模式。SaaS 模式通过按需使用软件而非为每台计算机单独购买许可证，显著降低了企业的软件使用成本。考虑到大多数计算机在约 70% 的时间内处于闲置状态，SaaS 模式能够有效提升资源利用率。● 企业无须为单一用户购买多个许可证，而是通过共享许可证的方式，使许可证的使用率尽可能接近 100%，从而实现成本的最大化节约。这种模式不仅优化了企业的资源配置，还提升了软件使用的灵活性和效率。

（1）SaaS。

①自动更新。SaaS 提供商负责维护和更新软件，确保用户始终使用最新版本。这对于用户来说非常方便，因为他们无须手动更新软件，减少了技术支持的需求。

②减少支持的需要。大型客户服务中心的成本很高，不得不支持多种平台会导致支持问题增加，而 SaaS 可以大大缓解这些难题。部署的简便性让开发人员能够在发现 bug 之后很快进行修复，这意味着大多数 bug 可以在大量用户遇到它们之前被修复，这会减少客户支持部门接到的电话数量，提高客户满意度，降低客户流失的可能性。

③可扩展性：SaaS 允许用户根据需求增加或减少使用量。如果用户需要增加使用量，他们只需升级套餐或增加用户数量即可，如果用户不再需要使用该软件，他们可以取消订阅或减少使用量。这种灵活性使得 SaaS 非常适合那些需要不断调整软件使用量的用户。

④全球覆盖：SaaS 提供商通常在全球范围内提供服务，无

---

❶ 王选勇. 基于云计算的信息安全风险管理系统设计与应用［J］. 信息与电脑（理论版），2023，35（9）：217.

论用户身处何地,都可以访问和使用软件应用。这使得用户可以轻松地与全球合作伙伴和客户进行协作和沟通。

⑤降低实现和升级的成本。SaaS 推动部署的速度是指快速、简便地部署应用程序更新所带来的好处。与之相反,降低实现和升级的成本是指开发公司由于能够控制版本和运行软件的基础设施所获得的经济利益。节省的大量时间和资金让开发商有机会更好地响应客户的请求并增强易用性,从而提高客户满意度,降低客户流失的可能性,这会带来间接的经济利益。

⑥安全性:SaaS 提供商通常会采取一系列安全措施来保护用户数据的安全性。这些措施包括数据加密、访问控制、安全审计等。此外,由于数据存储在云端,用户可以获得更高级别的数据备份和恢复功能。

⑦定制化:虽然 SaaS 应用通常是标准化的,但许多服务提供商也提供定制化的服务,以满足用户的特定需求。这使得用户可以根据自己的业务需求来选择和使用 SaaS 应用。

(2) PaaS。

PaaS 为用户提供了在云端部署应用程序的能力,支持用户使用提供商指定的编程语言和开发工具。在这一模式下,用户无须直接管理或控制底层的基础设施,但可以对应用程序的部署过程以及运行环境的配置进行一定程度的控制。典型的 PaaS 提供商包括 Google App Engine、Windows Azure 和 Heroku 等。借助云平台,企业能够在开发产品的同时避免内部基础设施建设和维护的高昂成本。

PaaS 模式为用户提供了一个集成了软件开发工具包(SDK)、技术文档、测试环境及部署环境的开发平台,使得应用程序的编写和部署变得极为便捷。在应用程序的部署和运行过程中，用户无须关注服务器、操作系统、网络和存储等资源的运维工作，这些任务均由 PaaS 服务提供商承担。此外，PaaS 在资源整合效率方面表现卓越，例如，一台运行 Google App Engine 的服务器可以同时支持数以万计的应用程序，这充分体现了 PaaS 模式的经济性。PaaS 的主要服务对象是软件开发人员，为其提供了高效、低成本的开发和部署环境。

PaaS 在以下六个方面展现出显著优势。

①灵活性。PaaS 环境具备高度可配置性和可扩展性，能够根据企业的实际需求进行动态调整。这种特性使企业能够灵活地增减计算资源，以快速响应业务变化。

②多样化服务。PaaS 平台通过 API 形式向上层应用提供丰富的服务，支持多样化的功能需求。

③精细化管理和监控。PaaS 能够实现应用层的全面管理和监控，例如实时观察应用的运行状态和性能指标，从而更好地评估应用的健康状况。此外，它还能精确计量应用消耗的资源，为计费提供可靠依据。

④强大的伸缩性。PaaS 平台能够自动调整资源分配，帮助应用有效应对突发的流量高峰，确保服务的稳定性。

⑤多语言与框架支持。许多 PaaS 提供商支持多种编程语言和开发框架，使开发人员能够根据项目需求选择最合适的技术工具。

⑥高整合效率与经济性。PaaS 平台具有极高的资源整合效率，例如，Google App Engine 能够在一台服务器上同时承载数以万计的应用，充分体现了其经济性。

在技术实现上，PaaS层具有多样性，以下是五种常见技术。

①REST技术。通过表述性状态转移（REST）技术，能够以简洁优雅的方式将中间件层支持的服务提供给调用者。

②多租户架构。该技术使单个应用实例能够为多个组织提供服务，同时确保良好的隔离性和安全性，从而显著降低应用的购置和维护成本。

③并行处理。为应对海量数据处理需求，PaaS利用大规模的X86集群实现高效的并行计算。

④优化应用服务器。在传统应用服务器的基础上，PaaS针对云计算环境进行了专门优化。

⑤分布式缓存技术。通过分布式缓存技术，不仅减轻了后台服务器的压力，还显著提升了系统的响应速度。

基础设施即服务（IaaS）是云计算的基础层，其核心特征是可伸缩性。IaaS由服务器、网络设备和存储磁盘等物理资源构成。在使用IaaS时，用户无需直接管理底层基础设施，但可以控制操作系统、存储空间以及应用程序的部署，并在有限范围内选择网络组件。通过IaaS模式，用户能够从供应商处获取所需的计算或存储资源来运行应用，并仅为实际使用的资源付费，而基础设施的复杂管理工作则由IaaS供应商负责。

（3）IaaS。

IaaS服务和传统的企业数据中心相比，在很多方面都存在一定的优势，以下是最明显的五个。

①自动化的管理。IaaS提供商通常提供自动化的管理工具和界面，使得用户可以方便地管理和监控计算资源的状态、性能和可用性等。这种自动化管理可以降低用户的管理成本和复

杂性。

②免维护。主要的维护工作都由 IaaS 云供应商负责。

③成本效益高。通过按需租用计算资源，用户只需支付实际使用的资源费用，而无须承担高昂的初始投资成本。此外，由于计算资源的共享性和池化效应，IaaS 提供商可以通过规模经济效应来降低成本，从而使得用户能够获得更经济的解决方案。

④支持多种操作系统和应用程序。IaaS 平台通常支持多种操作系统、编程语言和应用程序，用户可以根据项目需求选择最适合的技术栈和解决方案。这种多样性使得用户能够灵活地构建和部署应用程序。

⑤数据安全性和隐私保护。IaaS 提供商通常提供一系列数据安全性和隐私保护措施，如数据加密、访问控制和安全审计等，以确保用户的数据安全性和隐私不受侵犯。

⑥可伸缩性。IaaS 云只需几分钟就能提供用户一个新的计算资源，而传统的企业数据中心则往往需要几周时间，并且计算资源可以根据用户需求来调整其资源的大小。

2. 云计算的管理模块

在管理模块中，其核心职能是保障云计算中心的安全稳定运行，并实现高效管理。这一模块通过一系列管理机制和技术手段，确保云计算资源的合理分配、系统的可靠运行以及用户数据的安全保护。

在云计算的架构中，管理层由九个模块构成，这些模块可划分为三个层次：用户层、机制层和检测层。相较于传统的数据中心，云计算的最大优势在于其管理层的卓越性能。管理层不仅是前文所述三层云服务（SaaS、PaaS、IaaS）的基石，还为这些层次提供了多样化的管理和维护功能及技术支持。

（1）用户层。用户层直接面向云计算的使用者，通过多种功能模块为用户提供优质服务。该层包含四个核心模块：用户管理、客户支持、计费管理和服务管理。

①用户管理在云计算中扮演着至关重要的角色，主要包括三大功能。

账号管理：负责管理用户身份、访问权限及用户组，确保系统的安全性和可控性。

单点登录（SSO）：用户只需一次登录即可访问多个互信的应用系统，极大提升了用户在不同云服务间切换的便捷性。

配置管理：记录并管理与用户相关的配置信息，如虚拟机的部署、配置及应用程序的设置等。

②为了提升用户体验，客户支持模块是必不可少的。通过建立完善的客户支持系统，能够根据问题的严重程度或优先级有序解决用户问题，而非采用"一刀切"的方式，从而提高支持效率和服务质量。

③计费管理模块利用底层监控系统采集的数据，对用户使用的资源和服务进行精确统计，并生成详细的费用报表，确保计费的透明性和准确性。

④大多数云平台遵循面向服务的架构（SOA）设计原则，将应用功能拆分为多个服务，并通过定义良好的接口和契约实现服务间的连接。这种松耦合的设计使系统能够灵活演进，更好地满足用户需求。服务管理模块涵盖以下功能。

管理接口：提供基于 Web 的管理界面和 API 接口，便于用户操作。

自定义服务：允许用户根据需求对服务进行定制和扩展。

服务调度：通过高效的调度机制，确保服务在合理时间内被调用和处理。

监控服务：利用底层监控系统实时观察服务的运行状态。

流程管理：提供工具将多项服务整合为流程，并对其进行管理以提升运行效率。

（2）机制层。机制层为云计算中心提供多种管理机制，旨在实现管理的自动化、安全性和环保性。该层包括四个模块：运维管理、资源管理、安全管理和容灾支持。

①运维管理的核心在于提升系统的自动化水平和健壮性，主要包括以下功能。

自动维护：通过自动化运维操作降低管理成本。

能源管理：优化资源使用，如自动关闭闲置设备、调节CPU 频率以降低能耗，并提供数据中心能耗统计和温度分布图。

事件监控：实时监控数据中心事件，确保异常情况能够被及时发现和处理。

②资源管理模块主要涉及物理节点（如服务器、存储设备和网络设备）的管理，具体包括以下功能。

资源池：通过资源抽象将大量物理资源集中到虚拟池中，便于统一管理。

自动部署：实现资源从创建到使用的全流程自动化。

资源调度：优化资源利用率，并根据应用需求动态调整资源分配，实现负载均衡。

③安全管理模块旨在全面保护数据、应用和账号等 IT 资源，

防止非法访问和恶意攻击。其包括以下主要机制。

访问授权：集中控制多个服务的访问权限，确保只有授权用户能够访问相关资源。

安全策略：基于角色或规则制定安全策略，并通过模拟策略变更来提升系统的安全性。

安全审计：对安全事件进行全面审计，排查潜在隐患。

物理安全：通过权限管理（如门禁系统）确保物理设备的安全。

网络隔离：利用 VPN、SSL 和 VLAN 等技术保障网络的安全性。

数据加密：采用对称加密和公钥加密等技术，防止数据被非法利用。

数据备份：通过定期备份来确保数据的完整性和可恢复性。

④容灾支持模块涵盖两个层面。

数据中心级别：在异地建立备份数据中心，实时或异步与主数据中心同步，确保在主数据中心发生故障时服务能够无缝切换。

物理节点级别：监控每个物理节点的运行状态，及时恢复或屏蔽故障节点，保障服务的连续性。

（3）检测层。检测层负责监控云计算中心的运行状态，并采集相关数据供用户层和机制层使用。其监控范围涵盖以下三个层面。

物理资源层面：监控 CPU 使用率、内存利用率、网络带宽等物理资源的状态。

虚拟资源层面：监控虚拟机的 CPU 和内存使用情况。

应用层面：记录应用的响应时间和吞吐量，评估其是否满足预定的服务级别协议（SLA）。

通过以上层次化的管理架构，云计算能够实现高效、安全和可靠的运行，为用户提供优质的服务体验。

云计算架构的实现。

云计算架构通过以下四种方式实现。

①分布式计算。分布式计算是云计算架构的核心技术之一，它通过将任务分解成多个子任务，并将其分配到不同的计算节点上进行处理，从而实现大规模的计算和数据处理能力。分布式计算可以保证系统的可扩展性和可靠性，同时可以提高计算效率和处理速度。

②虚拟化技术。虚拟化技术是云计算架构的重要技术之一，它通过将物理资源转化为逻辑资源，从而实现资源的共享、动态分配和按需使用。虚拟化技术可以减少硬件资源的浪费，提高资源的使用效率，同时可以简化系统管理和维护的复杂性。

③自动化管理。自动化管理是云计算架构的重要特征之一，它通过自动化工具和流程来管理云计算平台的各个层面。自动化管理可以减少人工干预和管理成本，提高系统的可靠性和稳定性，同时可以快速响应业务需求的变化。❶

④安全性。安全性是云计算架构的重要考虑因素之一，它通过多层次的安全措施来保障云计算平台的安全性和可靠性。安全性包括网络安全、系统安全、数据安全等多个层面，需要从多个角度进行考虑和实现。

---

❶　陈天. 深度强化学习在网络资源管理问题中的应用［J］. 电子科技大学学报，2019（12）：31.

云计算架构是实现云计算平台的关键因素之一，它包括资源层、平台层和应用层等多个层次，以及分布式计算、虚拟化技术、自动化管理和安全性等多个重要技术和服务。通过设计和实现高效的云计算架构，可以提高云计算平台的性能、可扩展性、可用性、安全性和灵活性等方面的表现，从而更好地满足不断变化的业务需求。

二、云计算在出版业中的应用

云计算在出版业中的应用主要体现在以下 5 个方面。

（一）数字内容的存储和传输

云计算技术可以为数字出版提供高效、安全、可靠的存储和传输服务。数字出版机构可以通过云计算平台，将其数字内容存储在云上，随时进行更新和备份，并通过网络传输到用户手中。借助云计算的高可靠性和可扩展性，数字出版企业可以更好地应对业务淡季和旺季，在旺季的时候快速增加服务器和网络带宽，在淡季的时候减少服务器和网络带宽，既保证业务高峰时服务器不崩溃，又不用花钱让资源闲置。

（二）自动化管理

通过使用云服务，数字出版机构可以轻松实现自动化管理。例如，AWS 云服务有一个功能，可以自动调节旺季和淡季的云服务资源。当资源利用率达到高值时，自动新增服务器和带宽；当资源利用率达到低值时，自动释放一部分服务器和带宽。这种自动化管理方式不仅可以提高效率，也可以节约成本。

（三）快速部署

使用云服务，可以让数字出版机构快速部署新的应用和服务。只需要在云平台上创建新的虚拟机或者容器，就可以运行新的应用或者服务。这种快速部署的方式可以让数字出版机构更快地响应市场变化。

（四）灵活扩展

使用云服务，数字出版机构可以根据业务需求灵活扩展其计算资源。在业务量增加时，可以随时增加虚拟机或者容器来扩展计算资源；在业务量减少时，可以随时减少虚拟机或者容器来释放计算资源。这种灵活扩展的方式可以让数字出版机构更好地应对业务波动。

（五）提高可用性和可靠性

使用云服务，数字出版机构可以提高其服务的可用性和可靠性。云平台通常提供了高可用性和容错机制，能够保证服务的高可用性和可靠性。同时，云平台也提供了备份和恢复机制，能够在出现故障时快速恢复数据和服务。

总之，云计算在出版业中的应用可以帮助数字出版机构提高效率、降低成本、提高服务质量。随着云计算技术的不断发展，其在出版业中的应用也将越来越广泛。

三、云计算如何优化出版业的资源利用

云计算可以优化出版业的资源利用，主要表现在以下 5 个

方面。

（一）灵活的资源调度

云计算平台可以根据出版业的需求，灵活地调度和分配资源。出版业可以根据自身业务特点，将计算资源、存储资源和网络资源进行动态分配，以满足不同业务需求。这样可以更加高效地利用资源，避免资源的浪费。

（二）虚拟化技术

通过虚拟化技术，云计算可以将物理资源转化为虚拟资源，使得多个用户可以同时使用一个物理资源。出版业可以利用虚拟化技术，实现服务器的共享和复用，提高服务器的利用率，减少能源消耗。

（三）云存储技术

云存储技术可以提供一个集中式的存储服务，将数据存储在云端，实现数据的统一管理和维护。出版业可以利用云存储技术，将大量的数字内容存储在云端，随时随地访问和共享，避免本地存储设备的容量限制和数据安全问题。

（四）自动化管理

通过自动化管理工具，云计算可以实现自动化部署、监控和管理。出版业可以利用自动化管理工具，简化管理流程，提高管理效率，减少人工干预和错误。

（五）按需付费

云计算平台通常按照使用量收费，用户只需支付所使用的资源。出版业可以根据自身业务需求，选择所需的资源类型和数量，按需付费，避免资源的浪费和成本的不合理支出。

总之，云计算技术的应用可以帮助出版业实现资源的优化利用，提高资源利用率和管理效率，降低成本，促进出版业的创新和发展。

四、云计算如何优化出版业的弹性扩展

云计算可以优化出版业的弹性拓展，主要表现在以下 5 个方面。

（一）弹性扩展资源

云计算平台可以根据出版业的业务需求，动态地扩展或缩减计算资源、存储资源和网络资源。当业务量增加时，可以自动增加虚拟机或容器来扩展计算资源，以满足用户的需求。当业务量减少时，可以自动减少虚拟机或容器来释放计算资源，以节约成本。这种弹性扩展的方式可以实现资源的动态管理和优化利用。

（二）快速部署

使用云服务，出版业可以快速部署新的应用和服务。只需要在云平台上创建新的虚拟机或者容器，就可以运行新的应用或者服务。这种快速部署的方式可以让出版业更快地响应市场

变化，缩短新应用的上市时间。

（三）灵活扩展

使用云服务，出版业可以根据自身业务需求灵活地扩展其计算资源。在业务量增加时，可以随时增加虚拟机或者容器来扩展计算资源；在业务量减少时，可以随时减少虚拟机或者容器来释放计算资源。这种灵活扩展的方式可以让出版业更好地应对业务波动，提高资源的利用率和降低成本。

（四）自动化管理

借助云计算技术，出版行业能够实现管理流程的全面自动化，包括自动部署、实时监控及数据备份等功能。这种自动化管理模式不仅显著提升了生产效率，还有效减少了管理开支。此外，自动化系统能够对资源使用情况进行动态监测，并在发现问题时及时发出预警，从而快速解决资源利用率问题，保障业务运行的连续性和稳定性。

（五）提高可用性和可靠性

使用云服务，出版业可以提高其服务的可用性和可靠性。云平台通常提供了高可用性和容错机制，能够保证服务的高可用性和可靠性。同时，云平台也提供了备份和恢复机制，能够在出现故障时快速恢复数据和服务。这种提高可用性和可靠性的方式可以增强用户对出版业的信任度和忠诚度。

总之，云计算技术的应用可以帮助出版业实现资源的弹性拓展，提高生产效率和管理水平，降低成本，促进创新和发展。

五、应用实例：云计算在大型学术出版平台中的应用

我国大型学术出版平台包括知网、万方数据和维普等，这些大型学术出版平台收录了大量的学术论文、期刊、专利等文献资源，在出版方面为学术界提供充足的数据和理论支撑。随着云计算的不断发展，它与学术出版平台的结合越来越普遍，云计算在大型学术出版平台中的应用也越来越频繁。

一是云计算技术为大型学术出版平台提供了强大的数据处理和存储能力，使其能够存储海量的学术文献，并且能够快速地检索和获取这些文献。

二是云计算技术为大型学术出版平台提供了高效的分布式计算和数据处理能力，支持大规模的数据分析和挖掘。通过云计算技术，可以对大量的学术文献进行深度挖掘和分析，为学术研究提供更加精准和深入的学术洞察和参考。

三是云计算技术为大型学术出版平台提供数据安全和隐私保护。通过数据加密和权限控制等手段，保证用户数据的安全性和隐私不被泄露。同时，也可以利用云计算技术进行数据备份和容灾，确保数据的可靠性和完整性。

四是云计算技术能够构建一个具备无限扩展能力的平台，为众多出版机构的数字化业务提供强大支持。这种依托云计算的新型出版模式被称为"云出版"，其整合了编辑、出版、发行、运营及服务等多个环节，为出版商提供包括单点接入、多点分发、数字版权保护与维权、一站式结算等在内的全方位服务。通过建立云出版服务平台，能够高效整合出版行业的内容资源、技术能力、渠道网络及客户群体等核心优势，从而构建

起一个综合性的"云出版"服务体系，并形成一系列适应数字化阅读需求的现代数字出版产业链。

随着云计算技术的不断进步与普及，云概念在出版行业中的应用日益广泛。云出版作为科技期刊数字化转型的重要载体，促进了出版传媒集团与大型电商平台的资源整合。通过构建数据交付平台、提供在线服务及融合新媒体技术，云出版为科技期刊打造了一种高效、创新的数字化运营模式，推动了行业的整体升级与发展。这不仅可以提升出版物的传播效果和影响力，还可以为读者提供更便捷、个性化的阅读体验。云计算在大型学术出版平台中的应用具有广泛的前景和潜力，可以为出版行业带来更高效、安全、便捷的服务模式，推动数字化转型和升级。

第七章

5G 通信技术：
加速出版业的数字化进程

一、5G 技术的背景和概述

千年前的印刷术满足了人们通过书籍传播文字的迫切需求，实现了人们之间信息的传递过程，但是这种传播方式并不是实时的，书籍的印刷和分发都需要时间，因此信息的传递具有一定的滞后性。随着人类社会的不断进步，这样的时间局限性很难满足人们对信息传播速度的迫切需求。然而，随着互联网的普及，这个问题得到了完美解决。利用互联网，人们可以随时随地接受和传播信息，并且信息的传输量和传输速度都达到了前所未有的水平，各种信息高效互通，人们的生产和生活效率显著提高，进而推动了生产力和生产关系的迅速发展和进步。

移动通信技术于 20 世纪 80 年代初被提出，迄今已历经从 1G 到 4G 四个重要的发展阶段，这里的字母"G"是英文"Generation"的缩写，也就是"代"的意思。每一次移动通信技术的迭代跃迁，所带来的远不只是技术层面的进步，其深层次的内涵在于促进了产业升级和经济社会的发展。1G 到 2G，模拟通信过渡到数字通信，无线传输的信息是数字化以后的语音和文字；2G 到 3G，语音时代转变为数据时代，更多的文字、图像信息的传输开始普及，移动终端呈现出轻便化、智能化趋势；4G 时代，传输速率则获得了百倍提升，上网、视频、即时通信等多媒体技术蓬勃发展，使得移动互联网深入到千家万户，彻底改变了人们的沟通方式、交流模式乃至整个生活方式。

回顾移动通信发展史，移动通信网络基本上每十年就会升级换代一次。2012 年年初，国际电信联盟无线电通信部门启动了一个名为"2020 年及以后的国际移动通信"的项目，其研究重心是：在 2020 年及以后，使人和物，使数据、应用、传输系统和城市都处于一个有智慧的网络通信环境，使全社会都实现网络无缝覆盖和全方位连接。为此，我们需要建立新一代移动通信网络，以便能够以更快的速度传送海量数据，更可靠地连接众多设备，低时延地处理所有数据。从此，在全球范围内开始对 5G 进行研究。2019 年 6 月 6 日，中华人民共和国工业和信息化部向国内四大基础电信运营企业颁发了基础电信业务经营许可证，批准四家企业经营"第五代数字蜂窝移动通信业务"，此举开启了我国高速移动通信技术大规模商用的新阶段。有人曾说 3G 改变了通信方式，4G 改变了娱乐方式，而 5G 将改变生产力。相较于前代移动通信技术，新一代无线通信系统的服务范畴从个人消费领域延伸至智能制造、自动驾驶及智能物联等产业升级领域，为传统产业智能化转型提供了更全面的技术支撑体系。中国工程院院士邬贺铨曾说，5G 背后所承载的，绝不仅仅是一个移动通信，它承载了中国高新技术产业的希望，是我们国家是不是停留在低技术发展的阶段，能不能走到高技术、走到世界前面的见证。在 5G 时代，移动通信技术会突破人与人的连接，重塑我国的产业结构，帮助企业完成流程优化和模式再造，构建出一个人与物、物与物的万物互联新时代。

二、5G 技术的定义及原理

（一）5G 技术的定义

5G 即第五代移动通信技术，是移动通信技术在 4G 之后的新发展。2015 年 6 月，国际电信联盟正式确定"IMT-2020"为 5G 系统的官方命名。早在移动通信技术迭代周期启动初期，我国通过跨部委协作机制组建了第五代移动通信技术研发促进机构（2013 年），该平台有效整合了产业链各环节资源，在技术标准制定和国际协同创新方面发挥了关键作用。[1] 2015年发布的《5G 概念白皮书》中对 5G 的定义如下：新一代无线通信系统的技术特征可通过"核心性能基准"和"创新技术集群"进行界定，其核心性能体现为"每秒千兆级数据传输速率"，技术集群涵盖高密度天线系统、智能网络拓扑、频谱资源优化等核心创新方向。[2] ITU 对 5G 技术要求的关键性指标如图7-1 所示。

---

[1] 中国布局 2020 年正式进入商用 [J]. 科学大观园，2019（3）：30-33.
[2] 彭琴. 第五代移动通信新型调制及非正交多址传输技术研究及设计 [D]. 南京：南京邮电大学，2016.

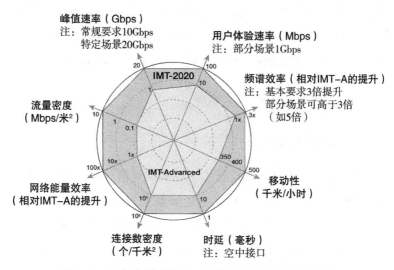

图 7-1　国际电信联盟对 5G 技术要求的关键性指标

（二）5G 的技术原理

1. 网络切片技术

如今网络的应用场景正在逐渐变得越来越丰富，而在不同场景下，每个用户对网络资源的需求也随之呈现出个性化的趋势。各行业应用对通信系统的核心诉求呈现多元化特征，涉及终端移动支持能力、信息传输安全性、响应时效性、数据传输可靠性及服务计费机制等多项维度均存在显著差异性。❶ 传统移动通信网络主要用来服务单一的移动宽带业务，并不能满足未来 5G 多样化场景的需求，如果为每种业务场景都建立一个专有

---

❶ 田晨景，谢钧，曹浩彤，等. 5G 网络切片研究进展［J］. 计算机科学，2023，50（11）：282-295.

的物理网络必然会导致网络运维复杂、成本昂贵和可扩展性差的问题，因此 5G 网络需要面向不同的应用场景提供差异化服务，而网络切片技术应运而生。新型网络架构技术允许在统一物理基础设施上创建多个逻辑隔离的虚拟网络实例，这种资源虚拟化分割技术可根据行业特征提供差异化的服务质量保障，进而使用户得到定制化服务。例如，在一辆自动驾驶的汽车上，电信运营商可以为用户提供多个网络切片。其中，自动驾驶切片利用 5G 的低时延特性来保证车辆的行驶安全；高清地图切片将会实时更新路况信息；乘客在车上可以使用信息娱乐切片播放高清视频。在公共区域，视频监控切片将保持高清摄像头的联网功能；应急通信切片则对安全事故快速调整网络部署。

2. 移动边缘计算（MEC）

MEC 是一种近场分布式数据处理技术，通过将计算资源前置部署于网络接入侧、构建云服务环境，使得部分网络功能脱离核心网络，将计算、网络、存储从网络的云中心延伸到了网络边缘，将内容分发到靠近用户侧的服务器，使应用、服务和内容分散部署，实现了"应用在边缘，管理在云端"的模式，有效实现了通信网络与云计算能力的深度融合，显著提升了实时性敏感业务的处理效率，从而更好地支持 5G 网络中对低延迟和大带宽要求高的业务。这也是 5G 网络区别于 3G 和 4G 的重要标准之一，其拥有四大优势：一是时延更低，移动适用于需要快速响应的数据处理场景，通过缩短数据传输路径显著降低业务处理时延，为区域性智能化应用提供技术基础；二是效率更高，移动边缘计算距离用户更近，在边缘节点处就实现了对数据的过滤和分析；三是更加节能，根据研究机构测算，云计算和移动边缘计算相结合，能源成本只有单独使用云计算成本的39%；四是缓解流量压力，在进行云端传输时，系统通过边缘节点完成一部分精简数据处理流程，缩短设备响应时间，减少从设备到云端的数据流量。

3. 微基站

根据体量大小，基站可以分为宏基站和微基站两种，也就是大型基站和小型基站的区别。从 1G 到 5G，电磁波的频段越来越高，传输的数据量也在逐渐增大，而频段越高所带来的就是电磁波在传输过程中的衰减越大。因此在相同区域，当一个4G 基站就可以覆盖时，5G 却需要二到三个基站，甚至是更多才能达到同样的覆盖效果。而微基站相较于传统的宏基站的发射功率更低，覆盖范围更小，通常覆盖范围为 10 米到几百米。微基站可以通过部署辅助性基站设施完善主干网络的覆盖盲区，采用分层组网策略实现服务能力的弹性扩展，在保证服务质量的前提下优化网络建设成本，主要应用于人口密集的区域以及宏基站无法触及的末梢区域。

4. 大规模天线传输（Massive MIMO）

随着无线通信使用的电磁波频段不断变高，相应地其波长也在不断变短，而根据天线的特点，天线的长度与波长成正比并且是波长的十分之一至四分之一，因此天线就可以直接设计在手机的机体里面，并且一部手机中还可以设计多根天线。5G时代，采用毫米波传输技术，所以天线的长度也随之变为毫米级，采用大规模天线传输技术也就成为可能。Massive MIMO 技术是通过大规模天线列阵及波束赋形技术对每个用户分配专用的电波。波束成形是一种信号处理技术，采用波束赋形技术，通过调整辐射单元的相位与振动参数，实现电磁波能量在空间维度上的定向聚焦传输，从而提升特定区域的信号质量，从而增强信号在该方向上的强度并降低在其他方向上的干扰。❶ 这种技术可以显著扩大信号的覆盖范围和提高信号质量。通过智能调控多天线辐射单元的电磁波投射方向，新一代基站可实现对终端用户的精准覆盖，显著增强目标区域的电磁场强分布效率，从而提高信号的传输效率和可靠性，进一步提升无线网络的网速。

5. 设备到设备（D2D）通信

在现在使用的通信网络中，即使两个人是面对面打电话或发微信，数据包和信令也必须经过基站进行中转。随着智能终端越来越多，形式更加丰富多样，通信网络的体系和架构也在面临着巨大的挑战。继续选择基站进行资源的分配的调度，其难度在逐步提升的同时也容易导致资源的浪费。而在5G时代，设备和设备之间直接进行通信成了可能。设备到设备（D2D）通信技术是指通信网络中近邻设备之间直接交换信息的技术。这也就意味着，同一基站下的两名用户之间进行通信，其数据包将不再通过基站转发，而是通过手机端和手机端之间进行传输。这种终端直连通信模式通过建立设备间自主数据传输通道，摆脱了对中心节点中转的依赖，这种架构创新有效缓解骨干网络负载压力，在提升频谱资源使用效率的同时构建起分布式传输的

---

❶ 罗煜相，李秋松. 基于 5G 通信的射频关键技术分析 [J]. 无线互联科技，2024，21（22）：59-72.

弹性容量扩展机制，提升了总体架构运行的智能度、灵活性。❶

6. 毫米波

频段资源是发展无线通信的关键所在，5G 与 4G 相比，采用了新的频谱，即毫米波频谱。目前全球 5G 频段主要分为 6 GHz 以上和 6 GHz 以下两种，而实际上 6 GHz 以下的频段资源已经异常拥挤，它不仅提供给个人用于无线通信，还有很多资源用于卫星通信、导航通信、海岸潜艇通信等场景。1G 到 4G 阶段，移动通信网络技术的工作频段主要集中在 3 GHz 以下。而 6 GHz 以上的频段资源却比较丰富，并且存在 500 M 连续的频段带宽资源可供分配。不同波长在通信方面的用途也不尽相同，如表 7-1 所示。

表 7-1　无线电波频段技术指标与主要用途

名称	符号	频率	波段	波长	主要用途
甚低频	VLF	3~30 kHz	超长波	1000~100 km	海岸潜艇通信；远距离通信；超远距离导航
低频	LF	30~300 kHz	长波	10~1 km	越洋通信；中距离通信；地下岩层通信；远距离导航
中频	MF	0.3~3 MHz	中波	1~100 m	船用通信；业余无线电通信；移动通信；中距离导航
高频	HF	3~30 MHz	短波	100~10 m	远距离短波通信；国际定点通信；移动通信

---

❶ 蒋坤. 基于 D2D 通信的 URLLC 与 eMBB 场景资源复用策略研究 [D]. 长春：吉林大学，2020.

续表

名称	符号	频率	波段	波长	主要用途
甚高频	VHF	30~300 MHz	米波	10~1 m	电离层散射；流星余迹通信；人造电离层通信；对空间飞行体通信；移动通信
特高频	UHF	0.3~3 GHz	分米波	1~0.1 m	小容量微波中继通信；对流层散射通信；中容量微波通信；移动通信
超高频	SHF	3~30 GHz	厘米波	10~1 cm	大容量微波中继通信；大容量微波中继通信；移动通信；卫星通信；国际海事卫星通信
极高频	EHF	30~300 GHz	毫米波	10~1 mm	再入大气层时的通信；波导通信

在通信领域当中，C（速度）$=\lambda$（波长）$\times V$（频率），因此频段资源的频率越高，传输速率也越高。5G的关键就是使用超高频的电波。而波长和频率成反比，毫米波作为极高频，其波长为1~10 mm，是波长最短的波，但是其频率是最高的。目前国际实验用频率多为28 GHz。除此之外，毫米波的带宽比较大，传输速率高，能够满足设备对于大带宽的需求。但是毫米波的传输距离比较短，并且穿透力和绕射性较差，并且频段越高，毫米波的衰减也就越严重。因此只有短距离的通信或者在空旷环境下才适合使用毫米波技术。综合考虑之下，在户外开阔的地方采用6 GHz以下的频段进行5G网络覆盖，在室内等具体场景中可以使用微基站加毫米波技术实现高速率的传输。

三、5G 技术的特点与优势

2015 年，国际电信联盟对 5G 的应用场景进行了明确的定义，将 5G 大体划分为以下三大类业务应用场景：一是增强型移动带宽（eMBB）指的是在现有移动宽带业务场景的基础上，对用户体验等性能的进一步提升；二是超高可靠低时延通信（uRLC）指的是低功耗、低成本、海量连接服务，超千亿网络连接支持能力；三是海量物联网通信（mMTC）指的是高可靠低时延连接服务。从中可总结出 5G 具备如下特性与应用层面优势。

（一）高传输速率

5G 技术的一项显著优势就是极大地提升了数据传输速率。在良好的网络条件下，5G 网络的峰值理论传输速率可以高达 20 Gbps。在实际运行当中，根据行业监测机构最新网络性能评估报告，我国第五代移动通信系统的下行链路平均传输速率达到 343.51 Mbps 量级，上行链路均值稳定在 79.86 Mbps 水平，较前代技术呈现指数级提升。[1] 5G 相较于 4G，其数据传输下行速率提升了将近 7 倍，上行速率提升了将近 3 倍。而这也意味着网络的超级链接能力有了巨大的突破，大规模的数据传输变得更加高效。在如此高的速率的支持下，下载一部电影仅需要几秒钟，用户的网络体验有了较大的改善。除此之外，对网络速率要求较高的业务也拥有了发展的机会和创新的可能，如

---

[1] 许建新，袁鹏，董冰. 5G 终端流量倒流解决策略研究 [J]. 中国宽带，2023，19（4）：40-42.

VR/AR 领域。首先，5G 会降低 VR 眼镜的成本，VR 眼镜中的计算和图像渲染工作可以在云端进行，再通过 5G 网络传回到眼镜上，从而降低设备的复杂性。其次，VR 眼镜利用无线网络进行数据传输，使得用户突破物理的界限，并不会被限制在一个具体的空间内，并且 5G 技术的低时延会降低用户佩戴 VR 眼镜时的眩晕感，进一步提升 VR 应用的交互性和沉浸感，为用户带来更好的使用体验。通过 5G 技术，VR 行业拥有巨大的发展空间。

（二）万物互联

根据通信行业对 5G 的定义，5G 网络将实现每平方公里至少能承载 100 万台终端设备。根据 2023 年数字化转型指数监测平台显示，至 2023 年第二季度初，我国智能化终端接入规模已突破历史峰值，标志着泛在感知网络的部署进入规模化应用阶段。❶ 5G 可以使移动网络的主体从手机扩展到一切对网络连接有需求的设备，在未来接入通信网络中的终端不仅会有我们的手机，还会有许多千奇百怪的产品，如冰箱、洗衣机、门锁等，5G 时代将是物联网的时代。物联网是一个物物相连的网络，它是通过前端的感知设备，如 RFID 系统、红外感应器、全球定位系统、激光扫描器等，按照既定标准化协议将物理实体连接在一起，并利用信息智能处理和策略化控制方法实现对物理环境和物体的识别、定位、跟踪、监控和管理功能的综合化信息系统。信息网络演进正经历从"人联"到"物联"的范式转换，

---

❶ 李如玉. 基于分布式 GNN 的大规模僵尸网络拓扑检测技术研究［D］. 广州：广州大学，2024.

即从以人类为信息交互主体，延伸至物理实体数字化感知的全新维度，最终构建实体世界的数字镜像系统。移动通信技术作为一种通信技术被引入到物联网中，与其他无线通信技术一起构成了物联网的连接传输层，承担着信息通信的任务。与2G、3G、4G所不同的是，5G更像是为物联网应用而定制的移动通信技术。

海量设备的互联一方面使得网络覆盖的范围扩大，进而带来全新的应用。虽然森林和高山等地区生存的人类较少，但是在这些区域内却有很高的环境样本研究价值。在部署大量的传感器后，可以对该地区的生态环境、空气质量甚至是地貌变化、地震等进行监测，这对预防自然灾害及环境的治理和改善具有十分重要的作用；另一方面是网络覆盖的纵深的增加会提升用户的体验，实现一定区域内网络信号均衡、稳定的全覆盖。在5G网络全覆盖的环境下，物联网终端设备还能够更加精准地对个人用户进行监测，如智能手环等设备，从而为智慧医疗积累数据，即识别出用户潜在的患病风险。

（三）低延迟

延迟，也被称为网络延迟，是指数据从发送端到接收端的传输时间，包括数据包在传输媒体上传播的时间和数据包在网络设备上进行处理的时间，以及在队列中等待处理的时间。延迟减少得越多也就意味着联网设备可以更好地通信，而低延迟意味着数据能够更快速地在网络中传播，从而提供更快的响应时间。5G在理想情况下端到端的网络延迟为1毫秒，典型的端到端的网络延迟为5~10毫秒。而4G端到端的理想网络延迟是

10 毫秒，LTE 的端到端的典型网络延迟是 50～100 毫秒。5G 较 4G 网络延迟的明显缩短使得实时互动和控制成为可能，5G 能够提供数据的即时传输和反馈，在许多的应用场景中能够发挥十分重要的作用。例如，远程医疗中的实时图像传输和手术指导，智能交通中的车辆间的通信和自动驾驶，工业化中的远程监控和控制等。总之，5G 应用于低延迟、高可靠通信场景，能够让人们的生活变得更加高效、安全，给予人们更加丰富、精彩的体验。

四、5G 技术在出版业中的应用

传播学经典理论指出，颠覆性技术对社会结构的改造往往突破既定设计框架，其影响呈现多维渗透特征，最终引发社会组织形态的链式重构反应。[1] 从 1G 到 5G，每一轮互联网信息传输技术的迭代升级都会对信息的生产和传播带来深刻的影响，推动媒体形态的进化，改变甚至颠覆媒体生态格局，并不断刷新人们对信息传播的认知和想象。5G 所具备的高速率、低时延和海量连接等特点，将大大提升信息传播的效率，为出版业转型升级、融合创新提供更大的支撑力和想象空间，进而促进出版业融合发展。移动通信技术的代际演进持续催化内容产业的变革轨迹：第二代技术奠定数字化传播基础，第三代驱动在线服务生态，第四代催生精准分众模式，当前技术迭代周期正推

---

[1] 莫湘文. 从 4G 到 5G：新媒体广告信息传播路径的变革与重构 [J]. 出版广角，2020（17）：75-77.

动行业步入深度整合阶段。❶ 对于出版业而言，每一次通信技术的进步都会对其产生巨大的影响，特别是 5G 这种针对通信技术的根本性变革，出版业态也将出现颠覆性的变化。

5G 技术对于出版业的影响是多方面的，以下是几个主要方面。

（一）内容形式的变化

5G 技术使得富媒体内容成为主流，这将大大降低内容生产的门槛，让更多的用户生产内容涌现。在现代内容载体的支持下，出版业正突破平面化表达局限，向包含动态影像、三维建模、交互程序等富媒体形态演进。这种多模态呈现方式重构了信息接收体验，形成具有多维感知特征的认知交互体系，有助于激发更多元化的消费需求。

（二）出版流程的数字化

5G 技术将加速出版流程的数字化进程，从选题策划、内容资源、编辑加工、产品发布到渠道构建和市场营销，各个环节都将受到 5G 技术的影响。基于数据挖掘技术和智能算法模型，内容生产者可构建用户画像的动态认知系统，实现知识服务的精准匹配与个性化推送机制。此外，5G 技术还可以提高出版流程的效率和协同性，使得出版工作更加高效、便捷。

---

❶ 杜都，赖雪梅. 5G 时代出版新业态与新模式探析［J］. 出版广角，2019（17）：15-17.

（三）阅读方式的变革

新一代通信技术驱动的数字阅读生态呈现三大特征：多媒体资源的深度整合、智能终端的泛在接入、交互方式的多维度拓展。用户可通过移动设备获取定制化知识服务，而扩展现实（XR）技术更将重塑沉浸式交互界面，开创认知体验的新维度。

（四）出版物的形态变革

随着 5G 技术的应用，出版物的形态也将发生变革。除传统的纸质出版物外，还将出现更多的数字化出版物和多媒体出版物。这些出版物可以通过互联网进行传播和发行，具有更加广泛的传播范围和更快的传播速度。此外，5G 技术还可以支持更多的定制化出版物和个性化印刷服务，满足读者更加多样化的需求。

（五）全球文化传播壁垒被消解

第五代通信技术驱动下，智能传感网络构建起全域智能连接矩阵，服务触点的泛在化促使知识供给体系与智能终端生态产生深度耦合效应。❶ 这将降低出版国际化的门槛，使得更多的出版单位可以参与到国际竞争中来。同时，这也将促进不同国家和地区之间的文化交流与合作，推动世界文化的多样性与繁荣。

有关于 5G 对出版行业所产生的影响，不同的学者持有不同

---

❶ 马勤. 5G 时代出版业的发展变革与战略选择 [J]. 出版广角，2019（17）：12-14.

的观点。有学者提出"内容为王"的观点，虽然 5G 的出现确实会对新的传播渠道产生一定的决定性的影响，但是并不能夸大 5G 的影响，因为决定媒介价值和发展的根本性内容依旧是高质量的内容。也有学者指出技术作用的发挥依赖于社会、文化甚至政治的影响，将多重因素的复杂作用简化为技术决定论，这种观点是相对片面的。

总而言之，5G 技术对于出版业的影响是全方位的、深刻的。它将加速产业向全息化呈现、认知计算驱动、多模态交互方向转型，构建起具备动态感知能力的多维服务体系，实现用户认知交互维度的延伸与定制化内容适配机制。但这也将给出版业带来新的机遇和挑战，需要出版单位积极应对和转型。

五、5G 如何提升出版物的传输速度与覆盖范围

纵观信息复制工艺演进史，从雕版范式迭代至活字体系，经历载体介质革新周期后进入数字化传播阶段，每次技术代际突破都催生新型内容生产范式，持续拓展产业边界。《出版业"十四五"时期发展规划》中提到："要突出科技创新在推动出版业实施深度融合中的作用，大力推动 5G 等技术在出版领域的应用，促进各类创新要素整合集聚，形成以企业为主体、市场为导向、产学研用相衔接的技术创新体系。"纵观移动通信技术的发展，目前学者们普遍认同 5G 技术会促进社会行业的变革，出版行业也并不能例外。可以预料的是，5G 的普及将会带来更大量级的人与物、物与物的连接和数据交换，将会产生全新的生产方式，重塑产业基础架构，通过前沿传播技术集群的全价值链渗透，触发包括底层技术框架、内容呈现范式、分发网络

拓扑、商业生态系统等维度的系统性革新。❶

5G 技术所具备的高速率、低延迟、大容量等信息传输特性，可使其在以下方面助力实现出版物传输速度和覆盖范围的飞跃性提升。

（一）信息传播与接收

随着数字信息技术进步带来的移动互联媒体发展，移动化阅读已成为当今人们普遍采用的主流阅读方式之一，通过其"端到端""短平快"的高度便利性突破了传统出版物在使用上的时空限制、将大众日常生活中的"碎片化时间"转化为信息时代下出版物的一项关键应用场景。而 5G 技术将借助智慧互联设备的立体化传媒矩阵构建，运用物联网、云计算、VR、AR等关联新兴技术实现出版物内容的高效传输和任意存取，大幅提升出版物发行者与受众间的信息传输效率，使用户花费更短时间即可获取具备一定规模的信息内容，使其可被实时传输至用户设备中，而无须等待纸质版内容的印刷与发行，进而令出版物更加适配如今的"碎片化阅读"趋势、"即时阅读"的运作模式愈发成熟；另外，5G 技术的强大终端承载能力将支持万物默认在线与大规模机器类通信，促进出版物的载体形式革新，丰富现有终端上的出版产品形态乃至催生功能更加多元、响应更加迅速准确的新型设备，对出版物进行全方位、多载体、有延伸的开发，突破传统的二维呈现形式，将更大容量的内容信息即时传输、投放至更多的设备载体上，使出版物进一步融入

---

❶　程忠良，张艳燕. 5G 时代出版产业发展进路分析［J］. 编辑之友，2020（4）：41–46.

用户生活的方方面面，拓宽出版物的覆盖范围，实现出版物的全场景呈现。

（二）"定制化"市场与受众

得益于5G技术及其平台架构的组建，新时代下出版物在目标市场设计、选择、投放及受众群体吸引、培养、扩充等方面获得了更加高性能的数据信息分析和定位、预估、研判系统。这意味着读者在阅读过程中所产生的各项数据将能够进入即时化的收集处理和分析决策流程当中，出版物在生产伊始即可以得知经量化分析评价后的内容受众评估结果和基于用户数据、消费数据、行为数据形成的读者画像，并据此开展定制化服务推送，有效降低传统的"大水漫灌"式投放所耗费的资源及时间成本，渠道及信息资源也将会实现更加合理的比例分配、缓解服务器及终端压力，从而令出版物内容可高速传输、投放至已精准定位、筛选后的目标市场及受众群体手中，做到针对不同市场、不同目标受众的个性化、定制化、差异化出版，通过精细化配置提升出版物资源的传输效率；同时，5G技术所支持的大数据、云计算将推动用户阅读终端方面容量和加载兼容问题的解决，为实现依照目标用户需求的按需出版及优化多媒体出版物的使用体验提供物质技术基础，以更加聚焦、细化、优质的出版物产品培养更多核心目标受众并增强其黏性，借此深耕用户管理领域，依靠用户口碑进一步扩大潜在受众群体，将品牌形象及知名度纳入提升出版物覆盖范围的要素之中。

（三）内容统合与重塑

随着近年来出版业内对 5G 技术应用探索实践的逐步开展，其在内容版权资源整合与全版权开发等方面所发挥的作用越来越不容忽视。5G 技术所带来的网络便捷性增强和资源共享度加深，拉开了以网络为基底、信息技术为动力、资源跨界统合为前置的全产业链运作时代的帷幕。在由 5G 支持的云平台、内容分发网络（CDN）技术的推动下，高效的自动化授权系统和版权信息数据库将允许出版物内容在开发中依托全产业资源进行分类归总及整合加工，简化版权授权和确认流程，节省传统版权运营模式下调用不同出版主体所拥有的内容资源所需的时间，显著减少因版权问题导致的传输延迟，优化定制化出版业务中出版物内容向生产端和用户端传输的效率，加快出版物在产销全流程中的流通；此外，5G 技术对统一网络标准和协议的采用及其支持大规模设备连接的能力还能够实现出版物的融媒体加工、多渠道运营、跨平台发布，出版主体可与第三方开放平台开展合作，利用其成熟的传输网络和用户基础去研究、探索出版物精神内核与当今社会风尚的"最大公约数"，并借助全媒体形态重塑出版物内容、提供"文图影音一体化"的高质量沉浸式体验，推出能让人民群众喜闻乐见的更多优质出版物，彰显中国道路及中国文化的魅力、推动出版物"走出去"，满足各国家和地区人民对高质量"中国故事"的需要，开拓海外民众市场，覆盖更广泛的用户群体。

综上所述，5G 技术在数字时代下出版物传输速度和覆盖范围的提升方面扮演着重要角色。通过一系列与 5G 关联的高新技术与出版的高度融合发展，出版物的内容、受众市场、传播媒介将重构为更加适应 5G 时代下信息传输与发布大容量、高速率、广覆盖、低延时、富场景特质的形态，确保出版物能够实现即时性的内容交换、流通及全媒体支持下的广域覆盖传播、呈现。在未来，随着 5G 技术在出版领域内开发和应用的不断深入，出版物必然会进一步打破数字化传输与发布的瓶颈、显著提升其传输速度和扩大覆盖范围。

六、应用实例：5G 在电子书传输与多媒体内容分发中的应用

案例四：中国图书进出口（集团）有限公司"5G 新阅读"探索实践

中国图书进出口（集团）有限公司（以下简称"中图公司"）凭借良好的品牌信誉荣获中国出版政府奖先进出版单位奖等多个重要奖项，已成为我国规模大、实力强的出版物进出口贸易企业、数字资源提供商和国际性书展服务机构。

中图公司坚持从"引进来"和"走出去"出发，从图书出版"内容为王"的核心竞争力出发，以 5G 赋能的方式，让内容焕发全新的生命力和影响力。❶《中国网络视听发展研究报告（2024）》指出，截至 2023 年 12 月，我国网络视听用户规模达

---

❶ 林丽颖. "5G 新阅读"创新出版融合发展的实践与启示［J］. 新阅读，2023（2）：14-15.

10.74 亿人，网民使用率达 98.30%，网络视听"第一大互联网应用"地位愈加稳固。❶ 该报告中指出，在用户日常收视类型分布中，排名第一的是电视剧或网络剧，排名第二的是电影或网络大电影，微短剧位列第三。值得注意的是，短视频平台用户的日均使用时长达 151 分钟，是碎片化时间消费的主要载体。报告中显示，有 31.90% 的用户曾经为微短剧内容支付费用。此项数据表明，微短剧这一内容形式已经形成了一定的付费市场基础。

针对数字化转型趋势，中图公司充分发挥 5G 网络高速率、低时延、大带宽的技术优势，率先成立"5G 内容创新中心"。通过深度融合 VR 虚拟现实、AR 增强现实及超高清技术，将传统平面图书转化为具有 3D 立体呈现、720 度全景视角的 8K 超高清互动视频产品，成功构建起从静态文字到动态沉浸的"多维阅读场景"，创新性提出"5G 赋能出版生态，出版反哺通信应用"的"5G 新阅读"理念。

目前该创新模式已形成规模化应用，中图公司与 30 余家出版机构建立战略协作，聚焦传统文化传承、少儿科普教育、红色经典传播等垂直领域，累计开发上线百余种"沉浸式阅读"产品，构建起具有行业示范效应的数字出版新业态。

其中包括立体化呈现的《华山云海图》（张大千）、《天工开物》（宋应星）的古代农耕场景、敦煌壁画中的"九色鹿"生成过程等。每一幕儿童时的经典，都一步步从书中"走了出来"，将许多的传统内容进行生动化表达，既有利于吸引年轻用

---

❶ 蒋肖斌，沈杰群. 网络视听用户 10.74 亿人　短视频人均单日使用 151 分钟 [N]. 中国青年报，2024-03-28 (007).

户关注，也有利于让传统文化焕发新的生机和活力。这些内容并非用户自发利用新技术生成的二创作品，这些二创作品中的知识点均源自图书本身，是经过内容审校，且有价值、成体系、耐推敲的高质量内容，是传统文化焕发新生的重要因素，也是5G在电子书传播和多媒体内容分发中的重要运用之一。

5G技术在出版中的运用并不是简单地把纸书内容转化为电子内容，而是根据不同内容、不同特点，着力布局新场景、运用新理念、迎接新需求的全面融合。中图公司通过以下做法，将这种新技术的阅读进行广泛使用。

第一，用技术打通"新阅读"内容壁垒。中图公司通过与专业技术平台合作、自行构建技术部门等方式，让传统纸质内容适配电脑、手机屏幕、VR设备、AR设备等，打通各个渠道间流通的障碍，让用户可以自行选择阅读方式，感受不一样的阅读体验。

第二，把"旧内容"变为"新产品"。中图公司通过走进图书馆、博览馆、自习室等文化空间，切身了解用户需求，分析用户行为，收集用户信息，把已有的纸书内容按照人们喜闻乐见的方式进行创造，构建立体化的阅读场景，并利用5G技术助力公共文化服务的全新升级。同时实现传统内容和新兴业态的重新链接，如与外研社合作将图书《给孩子的名画启蒙》开发为"全景沉浸式传统文化与美育启蒙课程"；中图公司与童趣出版有限公司合作，将传统图书与改编后的VR视频组合成"5G新阅读"套装，增强用户体验等❶，其中处处活跃着5G的身影。

---

❶ 林丽颖. "5G新阅读"创新出版融合发展的实践与启示［J］. 新阅读, 2023（2）：14-15.

数字化时代，数据已然与土地、劳动力、资本、技术等传统要素站在了同一序列，成为关键生产要素之一。为推动经济高质量发展，加速培育数据要素市场已刻不容缓。以 5G 为代表的新一代信息通信技术与出版行业深度融合，为出版数字化、智慧化提供了新的实现路径。通过科技加持，进一步推动内容业态与传播方式的创新发展，为出版行业提供新的经济增长点，也将拉动出版文化行业与其他领域交叉融合，实现真正的高质量发展，为文化强国建设做出更多贡献。

案例五：中国出版集团在智慧教育模式方面的探索

中国出版集团有限公司（以下简称"中国出版集团"）是经中共中央、国务院批准，作为国家级综合性出版传媒机构，该集团以图书发行与销售为核心业务，涵盖传统纸质出版与数字出版两大领域，同时拓展版权运营、跨境文化贸易、印刷技术研发等关联产业。在产业布局方面，集团构建了从内容生产到物流发行的完整产业链，并涉足艺术品经营、翻译服务与大数据应用等新兴领域，形成覆盖信息科技服务、文化金融投资等多维度的产业生态体系。

为应对 5G 时代下新媒体对出版行业的挑战，中国出版集团选择发挥自身在传统教育领域所积淀的内容优势，并联合美国 zSpace 等科技公司，共同探索、策划基于现实的智慧教育模式，其目的是基于新的教育出版方式，以缩小我国城乡和区域间的教育差距。

该项目计划以互联网教育教学创新方案研究为主体，在

"虚拟现实+智慧教育"的创新性教育教学模式等多个领域开展多方位合作，并希望达成智慧教育模式的生态重构目标。

在教育领域内，5G也发挥着极为重要的作用。5G网络的可实时性、智能化传输数据等特点，并结合中国出版集团的自身优势，有利于生成数量更多、形式更多样的出版内容，为出版品质的提升提供了技术、内涵等方面的坚实保障。

目前，我国教育出版的改革与创新持续推进，新形态与新格局已经初具雏形，各种各样的网络平台开始成为教育出版的新渠道。面向未来，教育出版与视频、VR、AI的融合发展将成为社会主流趋势。❶

为积极推动"5G+教育"的发展，中国出版集团通过构建沟通平台、积极联系教育一线从业者、学生等角度，着力满足读者的阅读和学习需求，构建系统化的教育出版选题规划体系。通过搭建双向沟通渠道，推动选题调研与用户需求精准对接，形成以市场反馈为导向的内容开发机制，有效提升教育出版物的社会效益与市场适应性。

如中国出版集团所展示的"人文社科知识服务平台""现代汉语词典App""牛津高阶英汉双解词典App""中国大百科全书数据库""中华经典古籍库""中国教育平台"等。此类数字化平台已上线海量教育类电子出版物资源，通过对接权威教育门户网站，构建包含在线阅读、专题学习资源下载等功能的集成化服务模块。其技术架构不仅优化了电子出版物的传播效率，更创新了多媒体教育资源的分发模式，形成覆盖多终端的数字

---

❶ 陈文惠. 5G时代主题出版的融合发展策略探究［J］. 新闻研究导刊，2022，13（11）：178-180.

化知识服务体系。

教育出版在此时所展现出的新活力，离不开 5G 技术的强有力支撑。由于 5G 所具有的低延时等特性，使得中国出版集团可以上线形式更为多样、内容更为丰富新颖、方向更多元化的教育出版产品，借助视频、音频、虚拟现实等技术与教材相结合的模式，实现了图书内容的深度拓展、转型与融合，充分发挥了 5G 技术在调动读者视觉听觉方面的优势，满足读者的阅读需求，为人们带来了更为"舒心"的阅读体验，进一步健全了学习体系，降低了学习门槛。

受市场导向的影响，中国出版集团也在着力打造媒体矩阵，包括推进集团网站、微信公众号、自有平台建设、IP 的孵化营销等，旨在通过全渠道的营销联动，打破传统图书营销的固化形态，实现渠道融合发展的转型升级，更大地拓宽其视野，增强曝光量。

在传统教育领域内，中国出版集团选择将纸质图书的页面与相关的音视频、模型、全景、图片、超链接等数字资源素材相匹配，形成了综合性、覆盖全域的"知识服务平台"，让课堂不再受时空限制，将课堂的形态从静态变为动态，从单向变为互动，从传授变为沉浸，并能够将抽象的课程内容、复杂实验流程等教学内容进行可视化，为学生提供沉浸式的学习体验；并通过收集全场景数据，结合大数据及人工智能技术对其进行分析，为教育教学提供更为全面和准确的数据分析❶，更好地适应"文化数字化战略"的大背景，让新一代信息技术服

---

❶ 杨大卫，赵鑫莹. 文化数字化背景下出版业数字化转型的技术路径分析 [J]. 青岛科技大学学报（社会科学版），2024，40（2）：110-114.

务于读者，传递知识、推动社会进步。

案例六：咪咕阅读 App 在 5G 时代的创新

咪咕阅读 App 是由中国移动的全资子公司——咪咕数字传媒有限公司开发的一款移动阅读 App，其前身是 2009 年在浙江成立的手机阅读基地。❶ 作为内容产业向版权经济转型的标杆案例，咪咕阅读基于移动互联网发展趋势重构业务模式，聚焦移动端数字阅读场景开发，通过手机应用与电子书终端的协同运营，实现内容聚合与 IP 开发双轮驱动。截至 2020 年，平台已汇聚逾 60 万种电子书资源，有力支撑全民阅读工程，成为推动数字出版产业升级的重要力量。

在 5G 技术商用化进程中，咪咕阅读 App 着力研发沉浸式阅读解决方案，依托高速率、低时延的传输优势，探索交互式富媒体阅读、AR 图书等创新形态。通过强化 IP 多形态开发能力与版权运营体系，该平台正构建基于 5G 技术的数字阅读生态圈，以技术赋能重塑用户阅读体验，引领"5G+出版"融合发展的产业新范式。

在 5G 技术的驱动下，咪咕阅读 App 构建了三大数字阅读创新体系。

第一，重视沉浸式体验。为优化阅读体验，咪咕阅读 App 通过技术创新推动听书服务升级。其打造的沉浸式音频阅读体系突破传统数字化阅读模式，依托 5G 技术拓展了用户的多维感

---

❶ 杨达松. 5G 时代数字阅读类 App 的发展路径 [D]. 广州：暨南大学，2022.

知空间，更适配现代人碎片化获取信息的需求。具体而言，平台推出的两大核心产品各具特色：至臻听书（24bit）通过专业主播对文本情感的精准把控，让用户如同亲临朗读现场，在移动场景中也能享受高品质的听觉盛宴；至境听书则依托 AI 语音合成技术，可智能解析文学作品中的人物关系与情景要素，采用多声线演绎配合环境音效及背景音乐，动态构建与原著相契合的声场空间。这种融合语音科技与艺术表达的创新模式，有效增强了内容传播的感染力，使音频阅读从单一信息传递转向立体化的情境体验。

第二，产品形态富媒体化。咪咕阅读 App 的产品形态逐渐富媒化，多种富媒体被应用到相关阅读产品中，给读者传达各种各样的作品内容，形式新颖，也有效增强了用户黏性。[1] 咪咕阅读 App 以"5G 赋能、声色阅读"为核心理念，其创新推出的富媒体出版物正重新定义数字阅读边界。这类融合视频流媒体、增强现实等交互技术的沉浸式电子书，突破传统图文框架，构建起多维内容生态。在信息爆炸时代，平台将美食文化、影视艺术等多元领域纳入选题体系，通过 AR 场景建模等技术手段辅助内容理解，使抽象概念转化为可感知的立体化阅读体验。

目前平台已上线《风味人间》与《她们走在美的光影里》等首批富媒体出版物，分别聚焦美食文化与影视艺术两大主题。同步推出的 5G 超清手机报业务，借助 4K 视频流技术实现新闻资讯的动态可视化呈现，将新闻现场的高清画面实时推送至用户终端。作为技术落地的代表成果，这些创新产品通过多模态

---

[1] 李佳. 图书类移动阅读 App 在 5G 环境下发展策略研究［J］. 办公自动化，2023，28（13）：62-64.

内容重构，使静态文字转化为具象可感的视听盛宴，持续拓展数字阅读的价值维度。

第三，注重交互性。在 5G 与 AI 技术的深度融合中，咪咕阅读 App 正加速构建场景化智能阅读生态。其开发的"趣读"模块创新整合国学资源与多模态交互，通过角色化声线演绎、4K 影视化朗读等视听融合技术，重构经典文本的感知维度。用户不仅能在"听读练评"闭环中完成沉浸式学习，还可通过 AI 语音测评功能实时优化文学鉴赏能力。同时，平台同步完善的社交化阅读矩阵，涵盖书单众创、知识共享社区及互动式内容流转等创新功能，形成了多维度的数字阅读服务体系。

当前中国在线阅读产业已进入技术驱动的新周期，5G 网络的高传输速率与低时延特性正催化数字阅读产业不断发生着新的变化。依托 5G 大带宽优势构建的全场景阅读服务网络，不仅可以提高用户触及优质内容的效率，更通过社交推荐算法与智能分发系统的协同，推动全民阅读从单向接收向价值共创转型，为文化数字化发展注入持续动能。

第八章

XML 结构化出版：
实现内容的高效管理与精准定位

一、XML 与 XML 数据库

XML（Extensible Markup Language，可扩展标记语言）是一种用于描述数据的标记语言，它允许用户自定义标签来创建结构化文档。这种语言的设计目的是存储和传输数据，它强调数据的结构化和自描述性，使得数据可以被不同的系统和应用程序所理解和处理。

XML 文档由元素、属性和值组成。元素是 XML 的基本构建块，它们由开始标签和结束标签组成，可以包含其他元素、文本或两者的组合。属性则提供了关于元素的附加信息，它们在开始标签中以名称/值对的形式出现。值是元素的内容，可以是文本、数据或两者的组合。

XML 文档遵循一套严格的语法规则。每个 XML 文档都必须有一个根元素，它包含了文档的所有其他元素。元素必须正确地嵌套，意味着每个开始标签必须有一个对应的结束标签。XML 还要求元素名称和属性名称是大小写敏感的，并且属性值必须被引号包围。

XML 是 SGML（Standard Generalized Markup Language，标准通用标记语言）的一个优化子集。XML 的诞生与 Web 应用开发的发展密切相关，1996 年 W3C（World Wide Web Consortium）的一个工作组致力于设计一个超越 HTML 能力范围的新语言，以满足大规模 Web 应用所需的可扩展性、结构化和数据验证等特性。1998 年 2 月，W3C 发布了 XML1.0 作为其推荐标准，作为数据表示的一个开放标准，XML 为 Web 应用乃至网络计算注入了新的活力。

（一）XML 的特性

1. 可扩展性

XML 的一个重要特性是它的可扩展性。用户可以根据需要定义新的元素和属性，这使得 XML 成为一种非常灵活的数据表示方式。此外，XML 文档可以通过 DTD（文档类型定义）或 XML Schema 进行验证，以确保文档结构的正确性和一致性。XML 还支持命名空间，这是为了避免不同 XML 文档中元素名称的冲突。命名空间允许文档作者为元素和属性指定一个唯一的 URI（统一资源标识符），从而确保元素名称在整个 XML 文档中的唯一性。

2. 跨平台性

XML 的另一个关键特性是它的跨平台性。XML 支持 Unicode 字符集，这意味着它可以表示世界上大多数语言的字符，包括特殊字符和符号，这使得 XML 非常适合用于多语言和跨文化交流。

3. 自我描述性

XML 提供了一个自我描述的数据结构，这意味着它不仅携带数据，还包含关于数据的定义，即在描述数据内容的同时能突出对结构的描述，从而体现出数据与数据间的关系。这种特性使得数据在传输中更具可读性，开发者无须额外的文档即可理解数据的意义。

4. 结构性

XML 主要用于标记电子文件，使其具有结构性。它可以用来标记数据、定义数据类型，是一种允许用户定义自己的标记语言的源语言。由于 XML 具有良好的标签结构，因此在阅读和编辑方面具有很高的可读性。它具有丰富的语法和标记，可以更清晰地表示数据结构。

总的来说，XML 的基本原理是提供一种结构化、自描述、可扩展和跨平台的方式来表示和交换数据。它的灵活性和严格的语法规则使得 XML 成为存储、传输和处理数据的理想选择，广泛应用于各种领域，包括数字出版、网络服务、配置文件、数据存储等。

(二) XML 的优点

XML 的优点在业界是众说纷纭，通过长期的应用实践总结出有 6 个方面，包括可读性、可扩展性、可移植性、数显分离、便于存储、便于检索。

1. 可读性

XML 允许用户自定义标签，来为数据定义相关的语义。

XML 依赖 Unicode 编码标准，支持世界上所有主要语言的混合编码。

2. 可扩展性

XML 有别于 HTML 的大量预置标签，例如，标题标签、粗体标签、换行标签等等。XML 允许各个组织或个人建立适合自己需要的标签库，并快速投入到网络中使用。只要符合基础的规范，理论上扩展是无限量的。现在许多行业和机构都利用 XML 制定业内使用的标记语言标准。例如，地理标记语言（GML）、矢量图形标记语言（VML）、无线通信标记语言（WML）等。以 GML 为例，通过制定 XML 格式和数据结构规则，各应用系统在解析生成 XML 时，只要符合相关规则，就可以正确实现数据传递。

3. 可移植性

XML 可移植性分为基于操作系统的可移植性和基于软件平台的可移植性两类。XML 文档是基于文本的（Unicode 编码），便于人阅读的（Human Readable），可以跨 Windows、Linux、MacOS 等操作系统使用。从软件平台可移植性来讲，XML 可以通过专业的工具，实现在不同软件平台间的信息交换。尤其是基于 JAVA 这门语言天生的平台可移植的特点，XML 可以通过 Dom4j、SAX 等技术手段实现快速解析。当然，在不同软件系统中交互的 XML 需要遵循统一的 Schema 规约，这样系统彼此才能够理解 XML 想要表述的内容。

4. 显示分离

数显分离是 XML 诞生的一个主要特点，对标的就是 HTML。

与 HTML 面向显示逻辑不同，XML 是面向数据逻辑的，也就是说，XML 只关注数据的组合逻辑，而不关注数据以何种介质、何种形式展示给用户。数据逻辑和显示逻辑解耦的优势在于，降低了混合逻辑的复杂度和技术难度。这样一来，如果要改动数据的表现形式，就不需要改动 XML 本身，只改动数据显示的样式表文件就可以了。例如，如果要比较好地显示出 XML 内容，可以依赖于 CSS，甚至使用 JSP 来负责解析和显示。

5. 便于存储

现代社会的绝大部分资料都是以电子文档形式保存的，并且不同格式保存的文档需要有相应的不同软件来将其打开。若干年后，很可能某些电子文档还在，但能够打开这些文档的软件则已遭淘汰而无法找到。例如，遇到中美贸易摩擦，对方软件不让用了，授权到期了，很多格式的文件无法打开。❶ 相比之下，以 XML 格式保存的文档就不会有上述问题。因为 XML 文档是基于文本的，并且文档中的每项数据都有清晰的语义，非常容易被打开和阅读。此外，XML 文档能够很容易地转换为其他格式的文档，所以非常适用来作为信息的长期保存形式。

6. 便于检索

由于 XML 通过给数据内容贴上标记来描述其含义，并且把数据的显示格式分离出去，所以对 XML 文档数据的搜索就可以简单高效地进行。在此情况下，搜索引擎没有必要再去遍历整个文档，而只需查找指定标记的内容就可以了。这样一来，要

---

❶ 李倩. 基于 XML 技术的电子政务数据安全设计 [D]. 成都：电子科技大学，2010.

做到在网上浏览时，每个页面所显示的正好是浏览者想要的东西，已不再困难。

（三）XML 数据库定义及特点

XML 数据库是一种专门用于存储和查询 XML 格式数据库的数据管理系统。XML 是一种标记语言，用于描述数据的结构和内容。与传统的关系型数据库不同，XML 数据库采用树状结构来存储数据，更接近于数据的自然表示形式。XML 数据库允许开发人员存储、检索、修改和删除 XML 数据，并提供了强大的查询和操作工具。通过使用 XML 数据库，开发人员可以更加灵活地处理各种半结构化数据，提高应用程序的灵活性和可扩展性。

（1）存储方式：XML 数据库采用树状结构来存储 XML 文档，使得数据更加紧凑和高效。同时，它还支持对文档进行索引和查询操作。

（2）查询语言：XML 数据库使用类似于 XPath 的查询语言来检索数据。XPath 是一种在 XML 文档中查找信息的语言，类似于文件系统中的目录路径。通过使用 XPath，开发人员可以方便地定位和提取 XML 数据中的特定信息。

（3）数据完整性：XML 数据库提供了数据完整性的保证，包括实体完整性、参照完整性和事务完整性等。此外，它还支持对数据进行版本控制，确保数据的准确性和一致性。

（4）可扩展性：由于 XML 是一种可扩展的语言，因此 XML 数据库也可以轻松地扩展以适应不同规模的数据处理需求。它还支持与其他数据源进行集成，如关系型数据库、Excel 表格等。

（5）灵活性：XML 数据库允许开发人员根据需要自定义数据结构，使得应用程序更加灵活和易于维护。此外，它还支持对数据进行压缩和加密，确保数据的安全性和隐私性。

二、XML 在出版业中的应用

在当今的信息技术领域，XML 是一个至关重要的结构化数据格式，它不仅在数据存储和传输上发挥着重要作用，还在多个行业中被广泛应用。

XML 结构化出版是一种先进的出版技术，它基于 XML（可扩展标记语言）来创建、管理和发布内容。XML 是一种标记语言，类似于 HTML，但它允许用户定义自己的标签，而不是使用预定义的标签集。

这种灵活性使得 XML 非常适合于创建结构化文档，这些文档可以精确地描述内容的组织和语义。XML 文档的这种结构化特性使得内容可以被机器读取和处理，便于实现自动化的排版、索引、搜索和转换。与传统的出版方式相比，XML 结构化出版具有更高的灵活性和可重用性，支持跨平台使用，并能够适应不断变化的出版需求。通过 XML，内容可以轻松地转换成不同的格式，如 HTML、PDF 等，以适应不同的发布平台和设备。此外，XML 结构化出版还支持多媒体内容的整合，使得出版内容更加丰富和互动。这种出版模式在电子出版、网络出版和数字化内容管理等领域得到了广泛应用。

在数字出版中，往往会涉及各种内容资源的组织、加工和展示，如何处理多种多样的数据格式是一个突出的问题。XML

的出现，统一了信息收集的数据格式，给数据交换带来一场革命。基于 XML 的结构化排版技术（即通过建立规范的信息格式和标准），使得出版内容与样式得以分离，并能够进行实时的结构化生产与编辑。通过对标引文件或元数据的处理，形成资源储备，这些资源可以在不同的媒介上进行及时更新和发布，而不受文件格式的限制。

国际著名出版商阿克塞尔·施普林格早在 1998 年便开始采用基于 XML 的流程来加工图书。2001 年，施普林格开始以跨媒体编辑出版系统建设为基础，全面改造编辑、制作与生产的全流程，包括制定质量标准和数字技术标准，以及重新打造组织结构。

通过这一创新流程，施普林格实现了内容的单次创建与多次使用，并成功打造数字出版平台，为用户提供各种内容服务。与此同时，国内诸多科技期刊也不断尝试建设基于 XML 一体化的数字化出版平台，《环境科学学报》《物理学报》等已实现基于 XML 技术的全流程数字出版。

美国的 Scribe 公司是一家专门服务出版社电子书文本编辑、文本制作的技术公司。这家公司研发了一款名为 XML 的电子书生产流程技术，也就是利用 XML 技术产品，就能把 Word 文档生成各种电子阅读终端的内容。XML 具体的技术功能体现在以下三个方面：一是利用 XML，编辑可以完成任何形式的版式设计；二是生成 XML 文本的内容，既适用于纸质版图书印制，又适用于电子版图书制作；三是 XML 技术还可以使电子书文本内容在桌面电脑、平板电脑、手机、Kindle 等各种阅读终端之间任意转换。这项技术的实用性得到美国各出版社的认可，应用

前景非常乐观，也许在不久的将来，XML这款技术产品也能在我国得到广泛应用。❶

基于XML结构化排版的图书全流程数字化编辑生产一般有如下几个步骤。❷

（1）模板化写稿。作者可使用出版机构提供的结构化写稿平台在线撰写书稿（或者下载系统提供的模板写作，完成后上传）。

（2）在线审稿。收到书稿后，责任编辑在电子书稿上进行编辑、审读，作者可在线阅览编辑修改痕迹并协同处理编辑的意见，最终定稿。

（3）数字化编辑加工。主要工作内容是规范格式体例，调整图表，处理公式中的符号等，并通过标注方式提出其他修改建议。

（4）发稿。完成编辑加工后，责任编辑与作者沟通，处理稿件中的疑问，之后做到稿件"齐清定"，发稿。

（5）XML结构化排版。利用XML排版软件设计书稿的版式，内容进行结构化处理及对图表进行制作和修改处理。对于一些希望尽快发布的科技图书而言，还可以效仿科技期刊的做法，在稿件排版后申请DOI，实现书稿的在线优先发布（V1.0版）。

（6）在线校对质检。校对的工作方式由纸稿校对变为在线电子版校对。由于相关编辑修改和作者确认都在电子版文件上完成，因此原先纸质稿件批改后传统排版容易出现的排版错误

---

❶ 路英勇. 出版数学化转型的路径选择［N］. 中国出版传媒商报，2016-10-21（009）.

❷ 张凡，钱俊. 浅议图书编辑出版业务流程再造［J］. 中国编辑，2019（11）：55-60.

将基本不会出现，排版和校对工作量都会减少，校对工作重心从"校异同"转向"校是非"。同时，每完成一次书稿校样的修改，就能相应地在线优先发布该书稿 V2.0 版、V3.0 版。

（7）多元多态发布。书稿文件定稿后既可以安排印刷出版纸质图书，同时也可以转换成其他多种形态，满足多终端发布的需求。

XML 结构化排版的优势在于能够实现内容的单次创作并多元发布，允许书籍内容在各种阅读设备上进行访问。对于科技类书籍而言，还能探索立即在线优先发表的可能性。并通过元数据分类管理实现内容的富媒体化，将传统的图文信息转变为图片、视频、小程序等形式的媒体学术内容，从而使出版物更加立体，便于读者理解和阅读。此外，XML 结构化排版还能够生成可重复利用的结构化数据，这为未来的标引、语义关联以及大数据分析奠定了重要基础。

三、XML 提升出版物的内容管理效率路径

在数字出版和传统出版日趋融合的今天，出版一本书或印刷一套材料就要排一次版的现状早已经不满足当前的需求了。快节奏的数据加工处理要求和多样化出版渠道，要求出版物所用的数据能够脱离版式，达到即需即用，无须二次校对，自动排版，这样才能大幅提高出版物数据处理的效率。

基于 XML 的结构化一体化服务可以提升出版效率，易于实现数字资产管理（DAM），以及便于数据的多元化和多次发布。基于结构化的生产流程所开发的跨媒体编辑出版系统需跨越媒体内容对象全生命周期，包括规划、编制、存储、管理、出版、

反馈等；同时也要跨越多媒介，包括纸质、Web、电子阅读器、手机等。

（一）内容资源梳理和版权商务洽谈

实施数字出版，内容数字化是前提。在数字出版业务中，首先应梳理清楚出版社的内容资源，包括收集和保存这些内容资源。基于标准的、结构化的内容，才能实现面向现在和未来的需要。可复用的持久化存储：PDF+XML+图片。建立 XML 数据库用于出版物电子文档的回收、整理、保存，出版社指定专人检查、签收，确保电子文档的回收，并对每一个品种的排版文件、封面文件、插图文件及相关声音文件、视频文件分类整理保存。采用多种保存方式，既用光盘存储，选择质量较好的刻录盘，并把光盘放在干燥、避光的环境里；同时建立数据存储中心，用磁盘阵列来存储所有电子文档，同时配以资源管理数据库，既方便查找又方便存取。❶

（二）数据加工

XML 支持对内容资源进行结构化和碎片化处理，这使得数字出版能够高效地重组和利用海量内容资源。例如，出版社可以利用 XML 将图书内容转换为结构化数据，便于后续的编辑、排版和发布。在电子文档管理的基础上，出版社建立数字化的资源加工管理平台，实施内容采集加工、分类、标引、格式转换、内容制作，形成数字产品库。内容资源只有形成资源产品

---

❶ 刘茂林. 跨媒体出版——传统出版单位实施数字出版的核心策略 [J]. 科技与出版，2010（11）：46-49.

库，才能形成可销售的产品，才可以进行营销，才能盈利。

（三）自动排版与格式转换

随着内容产业"一次生产，随处出版"趋势的出现，许多综合性的软件也用来促进多种形态内容之间的自动转换，使内容能够实现超越任何传统媒介的传播。XML 与 XSLT（可扩展样式表语言转换）结合，可以实现内容的自动排版。这种自动化排版不仅提高了排版效率，还降低了人工排版的错误率。例如，将 Word 文档转换为 XML 格式，然后使用 XSLT 进行自动排版，可以快速生成符合出版物要求的格式。

（四）版权管理

XML 可以用于电子出版物的版权管理，通过精确标记内容版权信息，确保内容的合法使用和传播；通过 XML 转换工具融入整个知识产权管理系统，达成全场景的专利管理。转换工具与知识产权管理系统的无缝集成，确保在不同场景下都能便捷地进行 XML 格式转换操作，提升了知识产权管理的协同性和连贯性。

（五）传播与发布

通过 XML 格式，出版物可以轻松地被多种平台和设备读取，如电子书阅读器和移动设备，这极大地扩展了出版物的受众范围。随着阅读设备的不断变化，内容的呈现方式也需要跟着变化，以适应读者的需要。只有采用结构化的、柔性的内容组织，才能满足新的阅读需要，为不同读者提供泛读、碎片化阅读、比较性阅读、交互式阅读、百科式阅读等差异化的阅读体验。

XML 的最大优点在于它的数据存储格式不受显示格式的制约，满足机器阅读的需要，通过计算机完成从作者创造到读者阅读的过程。一般来说，一篇文档包括三个要素：数据、结构以及显示方式。XML 把文档的三要素独立开来，把显示格式从数据内容中分离出来，保存在样式单文件（Style Sheet）中。如需改变文档的显示方式，只要修改样式单文件即可。XML 数据以纯文本格式存储，和软硬件无关。因此，实现跨操作系统、跨平台、跨应用程序和跨浏览器变得十分方便。

（六）简化出版过程

针对融合出版内容数据、应用标准化方法及 XML 技术规范，通过标准化的出版内容结构化加工，将非 XML 文档转换为合规 XML 文档，以适应作者、编纂、审校、小样、大样制作的协同作业管理，简化出版过程，提高出版效率，减少出版成本，达到多形态出版产品的内容一次制作、多元动态发布、定制增值服务等目标。

四、应用实例：XML 在数字出版物结构化中的应用

在数字出版领域，XML 的使用满足了众多的技术要求。XML 结构化数字出版拥有标准化、一次性制作、多样化发布及按需重新组织的特性，极大地提高了出版的效率。同时，XML 的结构化布局可以满足目前科技期刊在移动设备上的阅读、数字化出版和大数据挖掘的各种需求。此外，XML 排版系统在整

个出版流程中起到了关键的技术作用，它成功地实现了 Word 和 LaTex 格式的结构化 XML 转换。根据预出版、在线网络出版以及正式出版的各个阶段的需求，系统为 XML 的结构化数据提供了多种样式的文章预览和 PDF 发布功能。

目前打补丁式的跨媒体数字出版生产流程已不能满足数字出版产业快速发展的需要，对新型跨媒体数字出版系统平台的要求已经提升到"覆盖数据的编辑、检索、归档、版本跟踪管理、出版发布整个生产流程，满足不同媒体及出版机构对资料制作、管理和出版的需求"❶。

对于学术期刊出版单位而言，文章快速发表、广泛传播是衡量其出版能力的重要指标。由于传统的学术期刊出版流程需要大量的人工操作，导致生产周期长、成品形式单一，对学术内容的快速传播构成了明显的瓶颈，不能适应作者和读者对成果发表的时效性要求。将学术期刊旧有的生产流程进行优化和改造，提升其生产和信息发布效率势在必行。

鉴于此，目前全球高水平科技期刊均开始全面推行基于 XML 技术的数字出版，如 *Nature*，*Science*，*Cell* 已经拥有十分成熟的 XML 出版管理系统，这些系统可对科技文献进行包括采编、处理与发布在内的全链条管理，并利用 XML 技术为读者提供数据关联分析与文本深度挖掘等增值服务。我国科技期刊的 XML 出版亦取得长足发展。

---

❶ 胡兵. 跨媒体出版的生产流程再造研究［J］. 科技与出版，2011（3）：63-66.

案例七：方正 XML 数字化生产平台

基于 XML 数据的学术文献全流程生产服务系统由北京北大方正电子有限公司自主研发，该系统以细粒度的 XML 格式来存储、组织稿件内容和过程数据，将稿件内容的修改体现在 XML 数据的变更和结构维护中，并贯穿稿件的全生命周期。为打造国际领先的科技期刊数字生产平台，该系统对科技期刊数字生产流程进行升级改造，打造了生产即发布的高效生产模式，实现了多种数据格式、多渠道发布以及稿件全生命周期数字化管控，并采用 AI 技术辅助稿件智能审校。

2014 年，北京北大方正电子有限公司（以下简称"方正电子"）中标了"国家数字复合出版系统工程项目"第 11 包"XML 排版系统"。该项目充分发挥方正电子在数字出版领域的技术优势，研发了具有自主知识产权的 XML 排版系统。方正电子意识到 XML 排版这种半结构化数据处理技术对于期刊的数字化转型尤其是学术期刊数字化转型的重大意义。当前，国内学术期刊的技术服务能力主要是围绕传统业务流程的信息化，缺乏对学术期刊融合发展的技术能力的扩展支撑以及技术生态再造的革新突破。对此，方正电子将 XML 排版技术与其在传媒出版领域采编、发布、审校、大数据、数据分析等环节的技术相结合，为学术期刊出版打造了这套"方正学术出版云服务平台"。以"方正鸿云"为例，方正鸿云贯通了数字出版流程，不断完善学术传播生态，为科研工作者提供更加高效便捷的服务，规范学术传播行为，促进开放学术交流，实现了出版资源整合，丰富了期刊使用场景，加强与第三方平台的对接，扩大了期刊的传播范围。

方正学术出版云服务平台包含了为学术期刊数字化转型提供的投审稿系统、XML 数字化出版系统、集群化学术传播系统、学术大数据应用系统等功能和服务，它能帮助学术期刊实现数字出版转型升级，为学术期刊出版机构搭建先进的具有国际水准的期刊数字化平台，从而实现国内外影响力的提升和数字资产的自主运营及管理。平台从 2017 年开始进行应用验证，2018 年正式上市推广和大范围应用。目前，已经有 300 多家期刊出版单位在数字化出版平台上进行基于 XML 排版的数字化内容生产。在发布传播方面，方正电子与包括 Light 学术出版中心、浙江大学出版社期刊集群、中华中医药学会期刊集群等 7 个学术期刊集群签约合作，同时和包括《遥感学报》等 63 种单刊也进行了传播平台的签约合作。

"方正学术出版云服务平台"面向学术出版机构提供先进的出版服务能力，集科研选题、稿件采集、同行评议、多人协同编校、多渠道同步出版等核心能力于一体。这些出版服务能力在构建的过程中，特别突出学术大数据以及先进算法对实际业务活动的赋能。例如，通过对学术大数据价值的挖掘，为出版单位的选题策划、高质量专家遴选、优质稿源的获取提供强有力的数据支撑；人工智能技术可以提供专业的审校能力及内容编辑手段，提高工作效率，促进编校手段变革，推动我国学术出版行业的信息化升级；通过内容动态重组及发布技术，优秀的科研成果可以第一时间传播到国内外学术出版平台，提升我国在国际科研领域的学术话语权。

方正 XML 数字化生产平台从生产出版环节入手，提供专业、高效的 XML 数字化生产平台，赋能学术期刊实现数字出版转型，以 XML 数据为唯一数据源驱动学术期刊数字化生产全过程。该平台为期刊出版单位打造生产即发布的快速传播模式，支持全媒体出版、增强出版、数据出版等新型的出版模式。

◎ 案例八：SpringerLink 平台——技术与相内容结合的一种范式

SpringerLink 平台隶属于施普林格科学与商业媒体集团（Springer Science+Business Media）。SpringerLink 一方面为数字化的内容提供了载体，使施普林格在数据库的建设上走在前列；另一方面为创新出版模式提供了平台，在线优先出版（Online First Publishing）、开放获取（Open Access）和专业化定制出版等成熟的数字出版模式得以实现。

施普林格在信息技术革命带来的挑战下，正确选择了 XML 及其相关技术作为网络平台的技术基础，形成了成熟的 STM 数字出版模式。SpringerLink 的不断发展和完善，为创造新的盈利模式提供了载体，为建立新的网络平台积累了经验。围绕 SpringerLink 展开的数字出版实践表明，以 XML 及其相关技术为手段建立数字出版平台、提供内容服务，实现了内容与技术的完美结合。

XML 的第一个草案发布于 1996 年，由施普林格开发的全球第一个电子期刊全文数据库 SpringerLink 正是在这一年正式推出。1998 年 2 月 10 日，万维网联盟发布了 XML 的修订版推荐标准。也正是在这一年，SpringerLink 利用 XML 技术实现了在线优先出版。可见，施普林格当时就认识到 XML 技术在数字出版转型中的重要性，因此紧跟 XML 技术构建网络平台。XML 技术也确实没有辜负施普林格的期望，2003 年出版的《哥伦比亚数字出版导论》认为，XML 本身，以及相关的用于定义、设计、链接、转换和标注等的标准，为数字出版奠定了技术基础。

施普林格长期以来积累的优势满足了其网络平台实现盈利的两个关键条件：一是具备大规模的优势内容，二是具有大量的刚性需求客户。施普林格的内容优势主要体现在高质量、规模大、领域广、国际化等方面。

SpringerLink 提出数字优先战略，即保证出版内容优先以数字形式出版，同时提供按需印刷，让用户自由选择所需内容的形式。利用 XML 技术生成了多种成熟的数字出版模式：①在线优先出版，平台采用了基于 XML 技术的工作流程，校对出版工作均在线完成，保障了科研成果的及时展示。②开放选择，这是一种向作者或资助者收取费用来收回成本，向读者免费开放文章的阅读权限的出版模式，是一种商业实践。③按章出版，SpringerLink 上的数字出版物在推向市场时可以灵活安排内容，实现以章为单位的出版模式。在此模式下，用户可以获得更精确、更专业的内容，用户的个性化需求得以更好地满足。

施普林格在利用数字出版技术创造新的出版模式和盈利模式的同时，依然重视挖掘内容的价值，并继续推行国际化战略，在全球范围内寻找合作伙伴，拓宽用户群。围绕 SpringerLink 平台展开的一系列商业运作，让施普林格在 STM 数字出版领域走在前列。由此可以看出领先的网络平台对于 STM 出版商的重要性。SpringerLink 从起步到成熟，不是单纯的技术创新，而是技术创新与内容完善交互进行的过程。这一过程为施普林格打造新的网络平台积累了宝贵经验。近几年，施普林格不仅仿照SpringerLink 推出了一系列与 STM 出版有关的网络平台，而且将开放获取出版作为重点经营的对象，建立了独立的开放获取网站。

SpringerLink 通过更新生产流程，实现了一次创建多次使用，提高了内容生产速度，降低了生产成本；通过完善内容服务，大大提高了用户获取内容资源的效率和精确度。SpringerLink 的经验表明，以 XML 及其相关技术为手段建立数字出版平台、提供内容服务，是 STM 出版实现数字化转型的有效路径。❶

尽管 XML 在数字出版领域展现出了众多的优点，但同时也伴随着某些挑战。例如，在当前情况下，我国的大部分科技期刊所使用的采编系统仅仅覆盖了稿件的接收和审稿两个环节，而基于 XML 结构化数据的期刊网络传播主要是后期制作，包括采编、编校和排版的分离。这些研究工作仅仅局限于 XML 的结构化生产，缺少一个基于 XML 结构化生产的综合数字出版流程，这限制了 XML 技术在实际应用中的进一步发展。

因此，实现三个关键环节的无缝整合，包括采编系统、排版系统、网络发布系统和信息服务系统，以构建一个一体化的数字出版平台，成为科技期刊数字化发展所面临的一项重大挑战。XML 在数字出版领域具有极大的应用前景和价值，但同时也存在一些技术和实施方面的挑战。为了更有效地利用 XML 来满足数字出版的技术要求，我们在未来需要进行更深入的研究和探讨。

---

❶ 于成，张大伟. 施普林格数字出版之路——SpringerLink，技术与内容结合的一种范式 [J]. 编辑学刊，2014 (4)：12–17.

第九章

数字水印技术：
保护出版物的知识产权

一、数字水印技术的概念与重要性

数字水印（Digital Watermarking）的概念最早可以追溯到1994年。在电气和电子工程师协会（IEEE）主办的国际图像处理会议上，范·施奈德等人发表了题为 *A Digital Watermark* 的文章，在文章中他们首次提及"数字水印"，认为其能够携带身份验证、授权、图像解释等信息，具有图像标记、版权执行、防伪保护和控制访问等用途。随后，第一届国际信息隐藏学术研讨会在英国剑桥大学召开，以此为契机，关于数字水印地讨论不断深入。

在网络时代，数字水印技术被认为是一种数字作品确权与保护的技术，它通过某种算法在不影响图像、音频、视频等正常使用的前提下，将特定信息嵌入其中，以便于数字版权所有者标记、识别与追踪。数字水印技术是信息隐藏技术的重要分支，被嵌入的信息通常被隐藏在作品的原始数据中，不易被用户所察觉，只有通过特定的算法才能提取和识别这些隐蔽的信息。

数字水印的特性主要包括三方面：不可感知性（Impercepti-bility）、鲁棒性（Robustness）、安全性（Security）。其中，不可感知性是数字水印的隐蔽属性，它使得除水印所有者以外的人无法通过常规手段感知到数字水印的存在，适应了加密信息的保密要求。鲁棒性是数字水印的稳定属性，指文件不因发生改动或遭受攻击而导致隐藏信息丢失，水印仍然保持完整，并能够被准确地提取和鉴别。安全性是数字水印具备的抗攻击属性，通常水印所有者会通过水印加密来保障安全，只有输入正确的密钥才能成功提取水印。数字水印的安全性确保隐藏信息不被破坏，水印标识不易被他人复制或伪造。

按照不同标准可以对数字水印进行不同分类。常见的分类方式主要有四种，即根据水印的嵌入方式、提取方式、表现形式、载体属性等进行划分。按照水印的嵌入方式可以分为零水印（Zero Watermark）和非零水印，零水印不对文件的原始数据进行修改即可完成嵌入，且嵌入过程不损害文件质量。与零水印不同，非零水印必须通过修改文件数据来完成嵌入。按照水印的提取方式可以分为盲水印（Blind-watermark）和非盲水印（Non-blind Watermarking），受嵌入方式影响，盲水印在检测水印信息时，不需要提供原有水印的任何信息即可完成水印的提取过程，而非盲水印在提取版权信息时需要用户提供水印的另一部分信息才能完成水印信息的提取工作。与盲水印相比，非盲水印的鲁棒性更强。按照水印的表现形式可以分为可见水印（Visible Watermarking）和不可见水印（Invisible Watermarking）。可见水印的解释或标识信息被直接标记在可见位置，一目了然，而不可见水印的存在通常无法为人的感觉器官所察觉。其中，不可见水印又包括脆弱水印（Fragile Watermrking）、鲁棒水印（Robust Watermarking）。它们各具优势，鲁棒水印抗攻击能力较强，脆弱水印便于多媒体修改。按照水印所附着的载体划分，又可以分为图像水印、音频水印、视频水印、文本水印，它们分别有不同的算法和技术特点。

当前，数字水印技术在信息安全和内容管理领域扮演重要角色。作为一门跨学科的交叉科学，数字水印对于版权保护、内容认证、数据安全维护等方面具有重要意义。尤其是针对生成式人工智能发展所带来的同质内容泛滥、版权界定模糊等问题，数字水印技术可以提供成熟的应对策略，帮助创作者重新获得对内容的掌控权。因此，开展数字水印技术研究具有重要的实用价值。

二、数字水印技术在出版业中的应用

数字水印技术在出版业的应用主要体现在对数字作品版权与内容的保护。

版权保护是通过一系列手段来确保版权合理使用的机制，旨在避免或减少损害版权所有者权益的行为发生，促进数字内容的合法传播和使用。"数字版权保护"从数字出版的角度对版权保护的范围进行了界定，保护的对象主要是数字作品，即以二进制的形式存储于网络空间且能在其中自由传输的作品。互联网的发展加快了知识的传播速度，但同时也带来了版权保护的困境。盗版成本低，维权难度大，数字版权保护成为传统出版转型不得不面对的难题，但仅仅依靠法律并不能够约束层出不穷的侵权行为，唯有制度、技术双管齐下才能实现有效治理。

2011 年，国家新闻出版广电总局策划和落实了"数字版权保护技术研发工程"，数字水印技术的研发就是其中之一。随着研究的推进，数字水印技术不断演进成熟，越来越成为数字版权保护的常见技术。

数字内容是指经过数字化处理的文字、图像、声音等多种信息，这些信息被转换成计算机能够解读的二进制数字格式，从而实现了跨越时间、空间及不同终端的存储、管理与传输。数字内容具有可编辑性，基于网络的开放性和计算机强大的处理能力，更多人有权限对数字内容进行下载和修改，这也使得数字内容的篡改行为时常发生。数字内容的篡改可能会歪曲创作者的原始意图，降低作品的呈现质量，对篡改后的内容进行传播甚至会影响正版资源的声誉和经济效益。因此，对数字内容的完整性进行保护是十分必要的。针对这些棘手的问题，数字水印技术能够提供可行的解决方案。

（一）可见水印：版权标示与声明

可见水印是一种可以被人眼所识别的水印形式，它的存在不能遮挡作品本身，不能给数字作品的呈现造成太大的视觉障碍。可见水印通常以半透明的形式覆盖在数字作品的表面，无须额外的提取或检测步骤，实现了直接的标识效果。现实中，可见水印的应用十分广泛，在电子商务领域，它被用来标记电子票据、电子合同；在医疗领域，它可以将就诊人的身份信息以代码的形式嵌入电子医疗记录单。而在出版领域，可见水印主要被用来展示作品的版权标示与版权声明等信息。

版权标示信息是直接标注于作品之上，用以清晰展示该作品版权归属情况的重要信息，通常包括作者姓名、版权期限、注册号码等。版权声明能够有效确立版权持有者的权利边界，彰显对任何侵权行为坚决追究的决心，对于侵权行为起到一定的震慑作用。在实际应用中，版权标示与声明一般以可见的形式存在于数字作品当中，在防伪的同时，也可以起到广告宣传的效果。值得一提的是，可逆可见水印可以通过一定的运行程序去除水印痕迹，其"可擦除性"具有商业应用价值。不少内容供应商会提供有偿的水印去除服务，帮助有需求的顾客获得无水印的资源版本。

可见水印在出版业的应用十分广泛，以中南出版传媒集团旗下的天闻数媒为例，作为领先的互联网教育平台商，其 ECR 教育资源云平台、ECO 云开放平台拥有丰富的在线教育资源，资源类型包括在线教材、在线视频课程、在线题库与备课资源库等。平台内的数字资源均被标记了可见的平台水印或作者水印，以彰显版权归属，访问者可以通过付费的方式获得数字资源的使用权。不仅如此，江苏凤凰出版传媒集团推出的"数字凤凰"板块同样对可见水印技术进行了应用，其板块内所包含的数字化教材、数字化课程均被标记了明显的版权标识与声明，这不仅可以保护独家内容的版权，还可以提升用户对于正版资源的信任感。

（二）鲁棒水印：版权信息保护

鲁棒水印是一种抗攻击能力极强的水印，它可以承受滤波、加噪、替换、压缩等各种处理，能够抵御恶意攻击。鲁棒水印抵抗的攻击类型包括基本攻击、鲁棒攻击、表示攻击、解释攻击以及实现过程中的攻击等。鲁棒水印的鲁棒性保证了水印所携带信息的完整性，这使得水印信息在载体受损后仍然能够被完整地提取。鲁棒水印的特性帮助版权所有者避免传输过程中水印的遗失或损坏，实现重要版权信息的保护。在实施方面，数字作品所有者可以将水印信息嵌入待发表作品的原始数据之中，随后进行发表。在作品流通过程中，一旦发现盗版或发生版权纠纷，版权所有者可以从作品中提取水印，并将水印中的信息作为证据，保护其合法权益。

可以作为法律凭证的数字水印信息主要有时间戳、数字证书、密钥、数字签名及认证令牌。时间戳可以作为数字作品的时间认证工具，它可以记录作品及其各版本的发布时间，在版权纠纷中提供关键的时序证据，帮助法庭判断作品的合法性。数字证书中包含由权威第三方认证机构所颁布的唯一序列号，这一序列号就如同作品的"身份证"，通过简单的校验过程，即可验证作品的真实版权归属。密钥是进行水印提取所必要的凭证，只有持有正确密钥的版权所有者或授权方，才能顺利提取出水印信息。此外，数字签名、认证令牌等信息均携带作者身份标识，它们都可以成为版权认证的有力证据。综上所述，将具有法律效力的版权信息以鲁棒水印的形式嵌入作品，可以为数字作品的版权保护提供了强有力的保障，为创作者和版权所有者营造更加公平、安全的创作和交易环境。

（三）数字指纹：侵权行为追踪

数字水印技术和数字指纹技术是近年来备受关注的数字版权保护技术，它们具有较高的关联性。版权所有者给不同分发渠道的同一作品打上不同水印，该水印即"数字指纹"，其存在可以验证数字作品的分发来源。数字指纹无法直接阻止数字作品的拷贝行为，一旦发现未经授权的拷贝版本，版权所有者可以通过数字指纹快速锁定此拷贝的来源并对非法分发的用户进行实时的追踪。追踪过程中，数据拷贝的发行方会运用指纹提取技术来复原非法拷贝者的指纹信息，随后，通过数字指纹匹配，将提取到的指纹信息与数据库中全体用户的指纹记录进行逐一比对，从而识别出那些被非法分发拷贝数据的最初购买者。

数字指纹技术在打击盗版和非法传播方面发挥了至关重要的作用。以西班牙国家图书馆为例，西班牙国家图书馆（BNE）和西班牙复制权中心（CEDRO）就数字作品保护达成了协议，通过西班牙复制权中心开发的创新型数字指纹系统来防范数字盗版和其他非法使用。不仅如此，数字音乐方面，美国 Napstor 公司采用 Loudeye 公司开发的数字指纹技术来对其服务器内的数百万首乐曲进行过滤和跟踪，确保音乐家、作曲家、音乐出版社和唱片公司的利益。另外，中国软件行业协会曾向软件企业推介过一项光盘防盗版技术，以加强国内软件企业的防盗版能力。这项技术由美国 TTR 公司开发，通过在只读光盘上嵌入一个不可复制的数字指纹，有效地防止只读光盘的盗版。

（四）脆弱水印：数字内容认证与完整性保护

脆弱水印是一种对任何形式的内容变换或处理均表现出高度敏感性的数字水印类型，其特性在于内容一旦发生改变，水印也会发生相应的变化。应用脆弱水印，内容管理者可以准确定位数字内容被篡改的区域，甚至恢复被篡改的区域。与鲁棒水印相比，脆弱水印的抗攻击能力十分脆弱，即便是诸如几何变换、复制、压缩等基本的数字处理手段，都可能破坏其原始形态，因而脆弱水印无法保证所携带信息的完整性。但脆弱水印可以对其进行的每一次修改都留下记录，便于数字内容的完整性识别。特别是在对数字作品的可信度要求较高的领域，如法学、医学等，确定内容是否经过修改、伪造或特殊处理显得尤为重要。以数字图像为例，医学数据库中存储的原始照片若被压缩或修改，可能会导致医生做出错误的诊断。同样，作为法庭证据的照片一旦被恶意篡改，其还原案件的真实性和准确性将大打折扣。脆弱水印的应用可以有效降低真伪版本辨别的难度，从而在这些关键领域减少因内容篡改而带来的损失。

在数字出版领域，数字水印可以被应用于数字内容的认证和完整性保护。数字内容认证方面，通过对脆弱水印的完整性进行检测，文件发出者可以判断载体文件是否经历过重大修改或遭受攻击。对于被篡改的文件，发出者可及时作出内容的补救与订正，确保读者获取到的是未经篡改的原始内容。脆弱水印技术对于学术出版和专业出版具有重要价值，该技术的应用可以保障知识传播过程的准确性和可靠性。数字内容的完整性保护方面，脆弱水印会对其经历的每一次修改过程进行留痕，通过简单的检测步骤，文件发出者可以精准定位篡改行为发生的位置，从而有针对性地进行修复。脆弱水印的脆弱性在数字图像的完整性保护方面独具优势。在实施过程中，水印所有者会将原始图像视为一幅完整的拼图，在"拼图"的各个独立块中分别中植入不同水印。在验证图像的完整性时，他们会分别检测每个数据块中的水印信号，直接定位发生改动的区域。

数字水印的种类十分丰富，每种水印都有其独特的适用场景，融合多种水印的优点构建综合性水印方案，能够极大地拓展数字水印的应用范围。如鲁棒零水印能够有效解决数字水印的不可见性与鲁棒性之间的矛盾，具有更强的稳定性；半脆弱盲水印能够有效兼顾鲁棒性和脆弱性，实现版权保护和内容完整性认证的双重目的。针对不同的内容载体也有不同的水印组合方案，对于图像内容，可以考虑采用频域和空域相结合的水印技术；对于音频和视频内容，则可以考虑采用变换域和时域相结合的水印技术。通过整合多种数字水印技术，出版技术部门可以构建一个全面、安全、高效的数字作品保护环境。

三、数字水印技术如何防止盗版与保障合法使用

随着数字技术的发展，数字出版得到前所未有发展的同时，数字版权保护也面临着严峻的挑战，各类盗版、侵权现象层出不穷。数字水印技术作为有效应对措施，在数字版权保护领域发挥重要作用。数字水印技术通过在数字媒体中嵌入特定的信息，可以有效地防止盗版和保障合法使用，同时不影响原载体的使用价值，也不容易被人肉眼觉察或注意到。通过这些隐藏在载体中的信息，可以达到确认内容创建者、购买者、传送隐秘信息或者判断载体是否被篡改等目的。

(一) 数字水印技术防止盗版

数字水印技术对于数字出版版权而言，主要作用于两方面：数字水印技术的应用可以有效帮助作者及出版者追踪盗版行为，为维权提供有力依据；此外，数字水印技术在一定程度上也起

到了预防作用。数字水印技术给违法者施加一系列阻碍，降低盗版者侵权意愿，从而防止盗版和恶意复制。如今，数字水印技术已经成为数字版权保护的中坚力量。

1. 版权标识与追踪

版权标识与追踪是数字水印技术防止盗版的一个重要方面。通过嵌入的唯一标识符或序列号，数字水印技术可以追踪到盗版内容的来源，以此来标识数字出版物的版权归属。这种特定的编码是不可知觉的，不会影响数字作品的正常使用，不会对数字作品的质量产生影响。当数字出版物遭遇侵权时，附着在数字出版物中的数字水印就成为维权的有力证据。发生版权纠纷时，创作者及出版方可以通过提取数字水印信息来确认版权所有者，从而达到维权效果。同时，数字水印技术还可以用于数据泄露的追踪。通过在数字出版物中嵌入水印信息，可以追踪出版物的传播路径和使用情况。数字水印可以包含版权所有者的信息，如作者、出版社或版权代理机构的标识，一旦发现出版物内容被非法复制和上传，出版者可以通过水印信息来追溯源头，从而采取相应措施。Netflix 就是通过数字水印技术来保护自己的原创作品的。一旦发现内容被盗版，Netflix 就可以通过水印信息确定具体的犯罪者，并采取相应的法律措施。

2. 提高盗版成本

增加盗版行为的检测难度和追踪成本。数字水印技术具有的隐蔽性特点使得嵌入的水印不会被察觉，也不会影响使用，然而，这些水印可以被特定的算法和工具检测和提取。侵权者在盗用出版物时，对出版物进行非法挪用、篡改的行为不会影响数字水印的存在，以此来快速确定侵权行为，探寻侵权源头。除此之外，一些数字水印技术在内容发生改变时会发生变化，从而可以检测到原始数据是否被篡改。这增加了盗版者处理盗版内容的难度，因为任何对盗版内容的修改都可能破坏水印，使其无法再被识别。这从一定程度上来说，会使得侵权者降低侵权意愿，减少侵权行为。

数字水印技术的嵌入和提取需要一定的技术知识和设备支持，这增加了盗版者的技术门槛和成本。从出版者的角度而言，利用数字水印技术，可以开发专门的检测工具或平台，对市场上的数字内容进行快速扫描和识别，及时发现盗版行为。随着技术的发展，数字水印的检测效率不断提高，同时检测成本也在逐渐降低，版权所有者因此能够更经济高效地维护自己的权益。出版者权利意识的提高和维权行为的普遍化，从侧面对盗版者提出了更高的技术和成本要求。

3. 防止非法复制

数字水印技术用于真伪鉴别，可以有效防止数字作品的伪造和篡改，保护消费者的合法权益。以腾讯为例，腾讯联合研发的内容指纹比对、数字水印技术等，显著提升了侵权转载的门槛。在图片比对中，可以在图片上打上水印，这些水印人眼是看不见的，但通过专利算法可以快速检测到。对视频片段，也可以生成"视频指纹"，快速发现"二创"中的侵权问题。数字水印技术的应用，使得盗版行为更加容易被发现和打击，从而防止非法复制。

除此之外，当数字水印技术被广泛接受和认可时，公众和媒体可以更容易地参与到打击盗版的行动中来，形成社会监督的力量，共同维护版权秩序。数字水印技术的广泛应用也有助于普及版权知识，提高公众对版权保护的认识和重视程度。

(二) 数字水印技术保障合法使用

除了防止盗版，数字水印技术还可以在保障合法使用方面发挥重要作用。通过嵌入特定的水印信息，数字水印技术可以验证数字媒体的来源、完整性以及是否经过授权使用。

1. 内容认证

数字水印技术可以用于验证数字媒体的真实性和完整性。用户或第三方机构可以通过检测水印信息来确认所获取的数字媒体内容是否为正版授权资源，从而避免使用非法复制的内容。

数字水印技术能够验证数字内容的真实性与完整性。数字水印可以用于验证数字内容的真实性和完整性，防止内容被篡改或伪造。通过嵌入的水印信息，可以判断数字内容自生成以来是否发生过变化，这种变化可能是全局的，也可能是局部的。关于局部性内容认证，数字签名可以作为典型案例。数字签名通常作为数字内容的附加数据一起传输和保存，容易丢失。而数字水印则嵌入到数字内容本身中，不易被察觉且难以去除。签名水印重复嵌入数字内容中，就起到了局部性内容认证的作用。即使数字内容的某一部分被篡改，也可以通过水印信息识别出篡改区域，并恢复出原始内容。

2. 访问控制

数字水印技术通过将特定的访问控制信息嵌入到数字媒体中，使得只有拥有相应权限的用户才能访问或操作这些媒体内容。这种技术要求水印具有很高的鲁棒性，以确保在媒体内容被复制、传输或处理过程中，水印信息不会被破坏或丢失。

数字水印技术还可以用于控制对多媒体内容的访问权。通过嵌入秘密的数字水印信息，可以有条件地限制某些人对特定内容的访问，以此来保证数字内容的不完全公开使用。在一些重要的机密性电子文档中，出版者也会通过嵌入安全鲁棒的水印以及文件的摘要内容作为文档密级标识信息，可以确保只有具备相应权限的用户才能访问或修改这些文档。同时，在文档分发时，可以在所使用的电子印章中嵌入与用户相关的水印信息，从而将电子文本的副本与特定用户联系起来。这种技术手段可以确保终端用户对得到的解密之后的秘密文档副本负责，从而达到保密的目的。

3. 篡改检测

数字水印技术可以用于验证数据的完整性，确保数据在传输和存储过程中没有被篡改。通过提取嵌入在数字载体中的水印信息，并与原始水印信息进行对比，可以判断数据是否保持原样。数字水印技术除了帮助出版者及时发现作品被篡改，还可以通过提取的水印信息追踪到篡改来源。除此之外，数字水印技术的隐蔽性和鲁棒性使得其很难被攻击者轻易识别或去除。因此，即使数字载体被篡改，水印信息仍然可能保留下来，为篡改检测提供有力证据。

4. 内容个性化

数字水印技术可以在不影响数字媒体质量的情况下，将个性化的水印信息隐藏在媒体内容中。这些水印信息可以是文字、图像、音频等多种形式，根据创作者或内容提供者的喜好和需求进行定制。通过嵌入个性化的水印信息，创作者可以使自己的作品在众多相似内容中脱颖而出，增强内容的可识别性和吸引力。此外，数字水印技术还允许创作者或内容提供者按照个性化需求，在数字媒体中嵌入特定的水印信息。这些信息可以是版权信息、创作者标识、时间戳等，用于标识和追踪数字内容的来源和归属。通过数字水印技术，创作者可以确保自己的作品在传播过程中保持独特性，防止被他人恶意复制或篡改。

同时，数字水印技术还可以与大数据、AI 等技术相结合，实现更加精准的个性化推荐和服务。例如，在内容分发平台上，通过提取和分析嵌入在数字内容中的水印信息，平台可以了解用户的偏好和行为习惯，从而提供更加符合用户需求的个性化推荐和服务。这种个性化推荐和服务不仅提高了用户的满意度和忠诚度，还促进了数字内容的传播和分享。

数字水印技术的个性化应用促进了数字内容的创新与发展。创作者可以利用数字水印技术为自己的作品添加独特的标识和元素，从而激发更多的创作灵感和创意。同时，数字水印技术也为数字内容的分发和共享提供了更加便捷和安全的途径，推动了数字内容产业的繁荣和发展。

5. 授权管理

第一点，明确授权信息。数字水印技术可以将与授权相关的信息嵌入数字媒体中，这些信息包括授权方、被授权方、授权范围、授权期限等。通过嵌入这些信息，数字水印技术为数字内容的使用提供了明确的授权依据，使得被授权方在合法范围内使用数字内容，而授权方也能有效地监控和管理数字内容的使用情况。

第二点，防止未授权使用。数字水印技术具有隐秘性和难以去除的特点，使得未经授权的用户难以获取或篡改嵌入在数字内容中的水印信息。因此，数字水印技术能够有效地防止未授权用户非法使用数字内容，保护数字内容的版权和知识产权。

第三点，追踪和监测授权内容使用情况。通过数字水印技术，授权方可以追踪和监测被授权方对数字内容的使用情况。例如，在发现未经授权的复制或分发行为时，授权方可以通过提取和分析嵌入在数字内容中的水印信息，确定侵权行为的来源和责任人，从而采取相应的法律措施来维护自己的权益。

第四点，动态授权管理。在数字版权管理系统中，授权方可以根据被授权方的使用情况和需求，动态地调整授权范围、授权期限等条件。这种动态授权管理方式不仅提高了数字内容使用的灵活性和便捷性，还有助于降低数字版权管理的成本和风险。

我们能够看到，数字水印技术作为一种有效的数字媒体保护技术，在防止盗版和保障合法使用方面发挥着重要作用。通过在数字媒体中嵌入特定的水印信息，数字水印技术可以有效地证明版权的归属，防止盗版和恶意复制；同时，数字水印技术还可以用于验证数字媒体的来源、完整性及是否经过授权使用，保障合法使用。

然而，数字水印技术仍然面临着一些挑战。第一，随着破解技术的发展，盗版者可能会采用更高级的手段来尝试祛除或破坏数字水印。第二，数字水印的设计需要在隐蔽性和鲁棒性之间找到平衡点。隐蔽性要求水印对感知不可见，而鲁棒性要求水印能够抵抗各种信号处理和攻击。如何在保证隐蔽性的同时提高鲁棒性，也是数字水印技术需要解决的重要问题。第三，关于数字水印的国际标准不统一的问题。数字水印技术目前尚未出台国际统一的标准，这可能会影响不同系统间的兼容性和水印技术的广泛应用。除此之外，数字水印技术存在的法律与伦理问题也成为亟须解决的问题。

四、应用实例：数字水印在数字版权保护中的应用

数字出版物版权保护中有一个重要的方面是数字版权管理。数字版权管理是出版者用来控制被保护对象的使用权的一些技术，这些技术保护的对象有数字化内容（如软件、音乐、电影）及硬件，处理数字化产品的某个实例的使用限制。

案例九：亚马逊 kindle 的 DRM 运行机制

亚马逊使用复杂的密钥管理系统来确保加密内容的安全性。加密技术使得未经授权的用户无法直接访问或复制电子书的内容。每个 Kindle 设备或应用程序在注册时都会获得一个唯一的设备标识符（如序列号），该标识符与用户的亚马逊账户相关联。当用户购买电子书时，亚马逊会生成一个与该设备标识符相对应的解密密钥，并将其与电子书一起发送给用户的设备。用户在使用 Kindle 设备或应用程序时，需要登录其亚马逊账户。通过登录认证，亚马逊可以验证用户的身份和权限，从而确保只有合法的用户才能访问其购买的电子书。用户可以将其 Kindle 设备或应用程序与亚马逊账户进行关联，以获取对购买的电子

书的访问权限。亚马逊会记录每个设备的授权状态，并限制未经授权的设备访问电子书。

亚马逊设定了每台设备最多可授权的设备数量，以防止用户将电子书过度分享给未经授权的设备。同时，亚马逊还设定了同时阅读的设备数量限制，以确保电子书不会被多个未经授权的设备同时访问。对于 Kindle Unlimited 会员借阅的电子书，亚马逊设定了借阅期限和分享限制，以防止电子书被滥用。

亚马逊不断更新其 DRM 技术，以应对新的安全威胁和盗版行为。这些更新可能包括加强加密算法、改进密钥管理系统、优化用户认证流程等。随着新设备的推出和操作系统的更新，亚马逊会确保其 DRM 技术与新设备和操作系统兼容，这有助于确保用户能够在新设备上无缝访问其购买的电子书。

案例十：谷歌 SynthID——给 AI 加水印

SynthID 是谷歌 DeepMind 开发的一种数字水印技术，主要用于提升生成式 AI 产品生成内容的安全性。它可以通过在 AI 生成的图像、文本、音频和视频中嵌入不可见的数字水印，帮助用户识别这些内容的来源和真实性。

2023 年 8 月，SynthID 发布，这项技术可以用来在 AI 生成图片中创建浮水印，或侦测 AI 生成图片中的浮水印，以方便识别 AI 生成的图片。

2023 年 11 月，SynthID 的功能扩展到为 AI 生成的音乐和音频加入浮水印并进行识别。浮水印具有鲁棒性，能够抵抗许多常见的修改，如加入噪声、MP3 压缩或加快和减慢曲目的播放速度。即使音频轨道被压缩、加速或减速，或者添加了额外噪声，水印仍应可被检测到。同时，SynthID 也能够扫描单个图像或视频的各个影格以检测数字浮水印。

　　2024 年 10 月 23 日，谷歌宣布其开发的 SynthID 文本水印技术现已开源，供开发者使用。这一工具旨在帮助检测文本是否由大型语言模型生成，从而提高 AI 应用的透明度和责任性。"大型语言模型会逐个标记生成文本。这些标记可以代表单个字符、单词或短语的一部分。为了创造连贯的文本串行，模型会预测下一个最有可能生成的标记。这些预测基于先前的词语以及分配给每个潜在标记的概率分数。"SynthID 以其独树一帜的技术创新，在文本生成领域引入了前所未有的检测功能——通过在文本创作过程中嵌入难以察觉的水印，实现了对文本的精准追踪与验证。这一技术的核心在于，SynthID 能够在生成文本的每一步中，精细地调整每个预测词汇的概率分数。这些微妙的调整，对人类读者而言几乎是无法感知的，却能被特定的软件轻松识别，从而确保水印的隐蔽性与检测的高效性并存。

第十章

出版业的未来：
未来智能出版生态系统

一、现代技术在出版业中的融合应用前景

近年来，随着 5G、大数据、VR、AR、区块链、人工智能等相关技术的发展，出版业在出版形式、出版内容、出版速度、出版流程、阅读方式和平台、分发渠道、版权保护等方面面临巨大挑战，单一的线性传播方式向多渠道、个性化的方向发展；书面、静态阅读向无纸化、动态化方向发展；出版速度由三审三校的延时性向即时性方向发展；内容呈现方式由平面化向立体化、多维化方向发展；创作主体由单一化向人机结合方向发展等。

全新的技术手段颠覆了传统的传播方式、媒体格局和出版生态系统。例如，5G 技术使得出版物的传输速度和传输范围得以拓展，出版内容向富媒体化方向发展；人工智能的应用，提高了出版的编校效率和质量，重塑了出版流程，出版业向智能化方向发展；大数据通过分析读者的阅读习惯和偏好，出版机构可以更有效地定位市场，定制个性化的阅读体验和营销策略；VR、AR 技术丰富了内容的呈现形式，提升了阅读体验，促进

了教育出版的创新；DRM、区块链技术重塑了出版业的价值链，在版权保护方面进行全流程监管，提高创作者的积极性。由此可见，在媒体融合时代，传统出版业进行创新，将技术与出版进行有机融合，实现转型，进而构建智能出版生态系统成为必然趋势。

智能出版产业链可细分为三大核心环节：内容创作与供应、技术支撑与运营，以及终端销售与分发。在产业链的上游，内容创作与供应环节涵盖了内容的策划、创作及提供，辽宁出版集团等是这一领域的代表性企业。中游环节则聚焦于数字内容的处理、技术支持及平台构建，方正阿帕比等公司在此领域发挥着重要作用。至于下游，终端销售与分发环节主要负责渠道的拓展与内容的市场推广，新华书店等便是这一环节的主要参与者。

当前，数字出版行业的各个环节正呈现出日益显著的交叉融合趋势，并非完全独立运作。以阅文集团为例，该企业在数字出版领域成功构建了覆盖全产业链的体系。它不仅持续优化内容生产机制，还积极拓展技术运营和终端分销领域，实现了全产业链的深度融合与高效运营。

二、融合应用的挑战与机遇

在大数据、云计算、人工智能等新兴技术的强劲驱动下，人类社会经历了从农业化到工业化，再到信息化的深刻转变，如今正迈向智能化的新阶段。在这一进程中，出版业既迎来了前所未有的发展机遇，也面临着诸多新的挑战与考验，主要体现在以下几个方面。

传统出版业转型不可能"一蹴而就"：传统出版业在思维方式、运作模式上依旧存在落后现象，因为要想完全实现数字化转型，不仅需要大量的初期投资，还包括了解和采用新技术的学习成本；同时传统出版物主要依赖文字和图像，而数字出版要求内容更加多样化和具有互动性，包括视频、音频等多媒体元素的融合，这要求传统出版机构在内容创作上进行重大调整；除此之外，一些出版机构的组织结构和文化也不适应快速变化的数字化环境。进行组织重构和文化转变是一项复杂且耗时的工作。因此，传统出版业要想完全数字化转型依旧道阻且长。

版权保护面临"重重迷雾"：随着内容日益数字化和网络化，版权保护工作变得愈发复杂艰巨。传统出版业虽已采用数字水印、云计算、DRM 等版权保护技术，但这些手段已难以满足当前版权保护的需求。如何在保障作品广泛传播的同时，有效维护作者和出版社的合法权益，成为亟待解决的重要课题。

内容自主创新能力亟待提高：技术融合要求出版内容不仅仅局限于传统的文本形式，还需要融入视频、音频、互动元素等多媒体形式，这对内容创作者提出了更高的要求，而当前网络平台信息内容良莠不齐，容易吸引人们注意力的反而是一些打着无意义噱头的低质量内容，真正值得关注的信息反而被读者抛之脑后，长此以往，必将产生"劣币驱逐良币"的不良现象，还容易使出版方陷入"唯流量论"的困境。

用户需求更加多样化：在互联网高速发展的当下，传统出版业格局也发生了巨大转变。全媒体不仅重塑了阅读的方式，也影响了读者的阅读心理、需求和习惯，带来了前所未有的多样化和个性化趋势。相较于传统单一的被动式信息接受方式，当前读者能够选择更加立体和全面的信息接受方式，通过自己偏好的方式，全面深入地寻找他们关注的信息。这个过程中，读者不再仅仅是被动地接收信息，而是变成了主动的信息抓取者。基于此现实条件下，出版业需要利用更多技术手段拓宽自身内容与展现形式，如 AR、VR 等，来提升用户体验。

竞争加剧带来的市场变化：互联网和移动设备的普及让出版业的竞争更加激烈，同时也改变了市场的结构。例如，近几年自出版的崛起：网络平台的发展降低了出版的门槛，越来越多的独立作者通过自助出版平台发布作品，这改变了传统出版业的作者和出版商关系，传统出版商不仅要面对来自其他传统出版商的竞争，还要应对数字平台、自助出版平台等新兴力量的挑战。同时，跨行业的合作也成为一种趋势，如出版社与科技公司的合作。除此之外，数字化转型往往也并不是一蹴而就，还需要大量的资金和资源投入，这无疑会给一些中小出版机构带去不小的打击。总而言之，出版机构需要适应当前种种变化，并结合自身发展现状，寻找新的盈利模式。

综上所述，技术融合为出版业带来了翻天覆地的变化，这要求出版机构在秉承传统出版精髓的基础上，不断探索新技术、积极创新，以更好地满足现代读者的多元化需求及适应市场的快速发展。

当然除挑战之外，也有机遇。

内容形式多样化：通过技术融合，出版内容可以突破传统单一的文字和图片，通过融入音频、视频、互动图表等元素，使得内容更加丰富和吸引人。

"降本增效"成果更加显著：正如徐敬宏、张如坤在

《ChatGPT在编辑出版行业的应用：机遇、挑战与应对》中提到的，ChatGPT巨量的模型参数能够容纳海量的人类文明知识，其使用的公共爬虫数据集拥有超过万亿单词的人类语言数据，可以在短时间内对人的认知习惯、微妙情趣、价值追求进行匹配和表达，快速响应出版任务的需求。通过技术赋能，可以大幅提高出版过程的效率，降低成本，加快出版物从创作到上市的速度。

探索新的盈利模式为出版业注入活力，技术融合给出版业带来了更多新的可能，出版业有机会开拓新的商业模式，如订阅服务、按需出版、电子书和在线课程等，为出版机构创造新的收入来源。例如，2022年儿童节《人民日报》与数藏中国共同推出由毛泽东等领导人亲笔题词的"新中国第一个儿童节"《人民日报》头版数字藏品。除此之外，传统出版单位在充分挖掘自身资源，着手构建教育平台并推进数字化产品出版的同时，也高度重视与互联网企业的深度合作。它们借助资本的力量，不断拓展市场版图。部分出版机构甚至成立了专门负责科技业务的独立公司，以更加灵活高效地抢占数字化市场的先机。

三、智能出版生态系统的构建原则与框架

(一) 智能出版生态系统的定义

阿瑟·乔治·坦斯利提出，生态系统是指在特定空间内，生物与其周围物理环境相互关联而形成的社群或综合体，这一观点奠定了生态系统的理论基础。而在《普通生态学》一书中，尚玉昌也表达了相似的看法，他提出，生态系统是自然界中在

一定时间和空间内，由生物群落与其所处环境相互作用而共同形成的一个具有特定功能的有机整体。在这个系统中，生物群落与环境之间存在着相互依赖的关系，它们通过物质循环、能量流动及信息传递等机制，共同维持着生态系统的动态平衡。

近年来，随着技术的广泛应用，出版环境发生颠覆性改变，"出版生态系统"一词也跃入人们的视野。俞涛、张高明、王道平在《论出版生态系统》中提出，出版生态系统是将自然生态系统的概念迁移到出版领域中，指在一定时期和地域内出版机构或出版媒介像生物一样直接或间接地与其他出版机构、社会环境产生联系，组成出版群落与社会环境的系统，其中出版机构之间及出版机构与外界环境相互作用并形成有机的具有特定功能的整体。❶ 由此可见，出版生态系统是从整体的角度来考虑，是社会生态系统的一个子系统。出版活动是一种多对多的传播活动，为了达到传播效果，不仅要实现出版内部的和谐，更要从源头到终端的全过程来考虑，从而维持系统的稳定性。出版活动主要由编印发三个环节构成，因此出版生态系统是由编辑、复制及发行及其环境构成的出版群落，会随着社会环境的变化和新媒介的形成而随之发生转变。

综上所述，智能出版生态系统是指结合了人工智能、大数据分析、机器学习等现代信息技术的出版流程和平台，它创造了一个更加高效、个性化、互动性强的出版环境。随着技术的发展，智能化设备正在逐渐成为嵌入日常生活的底层基建，智能化出版系统作为出版业未来的一条新兴赛道，是当前的大势

❶ 俞涛，张高明，王道平. 论出版生态系统 [J]. 湘潭大学学报（哲学社会科学版），2005（6）：154-158.

所向，我们应该顺势而下，不断丰富自己的出版理论储备和技术素养，为成为智能化出版人才作好准备。

（二）智能出版生态系统特点

智能出版生态系统是一个综合利用智能技术来改善和增强出版过程的系统。这种系统不仅包括传统的书籍和期刊，也包括数字媒体、在线内容等，其中对其特点的总结如下。

（1）智能出版生态系统作为技术集成者，融合了AI、大数据分析、云计算、机器学习等前沿技术，旨在自动化并优化出版流程。从内容的创作到分发，再到与用户的互动，智能技术凭借其信息采集、数据处理、内容组织与文字规范化等方面的优势，有效减轻了编辑的工作负担，使他们能将更多精力投入到需要人类智慧的领域中，从而实现工作效率的显著提升。

（2）个性化内容定制，贴合用户需求。该系统能够根据用户的阅读习惯和偏好，提供量身定制的内容推荐，极大地增强了用户体验。如今，"以用户为中心"的理念已超越仅仅利用智能技术推送产品内容的层面，它要求服务者必须真诚地与用户展开深度交流与沟通，悉心雕琢内容，打造出让用户感到兴奋并乐于分享的产品，进而增进用户对内容产品的信赖感。

（3）强化互动与参与，提升用户黏性。智能出版不仅仅是单向的内容传递，它还包含了用户反馈、社交互动和社区参与等元素，营造了一个互动的阅读环境。这种环境让用户获得了良好的体验，增加了产品的用户黏性，建立了产品与用户之间的情感纽带和利益共同体。

（4）数据驱动，科学决策。智能出版生态系统能够深入分析用户数据和市场趋势，为出版决策提供有力指导，以更好地满足市场需求。出版机构在管理版权、分配利润的过程中，可以运用智能合约与区块链技术来记录信息，实现原创内容的实时上链管理，有效激活存量内容资源。这一举措不仅能激发创作者的创作热情，还便于版权的集成与追踪。此外，它还能助力创作者根据各渠道用户的特性进行定制化创作，满足细分市场的长尾需求。

（5）多渠道分发，满足多元需求。智能出版生态系统支持多种数字格式和分发渠道，如电子书、音频书、在线平台等，以满足不同用户的多样化需求。随着智能化在出版领域的持续渗透，传统出版的单一线性传播流程已被多元传播载体与服务交织的立体网络传播模式所取代。从业者现可利用出版社官方网站、合作网站、官方微博、微信公众号及抖音短视频平台等多种融媒体渠道，高效开展线上推广活动，提升推广效果。

（6）智能出版时代对选题策划和营销发行提出了新的要求，需要编辑和营销发行人员紧密合作。每次技术革新都会带来资源的重新整合和分配，因此，出版机构应打破各环节之间的壁垒，建立有效的分享与反馈机制。总的来说，智能出版生态系统代表了出版行业的一种技术和理念上的进步，它通过整合最新技术，提供更加高效、个性化和互动的出版服务。随着技术的发展和用户需求的变化，智能出版生态系统也将不断地创新和适应。

（二）智能出版生态系统构建原则

在出版融合发展过程中，各环节要素不断流动，相互作用，相互影响，共同构建智能出版生态系统成为必然趋势，其具有的特征能够帮助智能出版产业更好地适应经济环境和媒介环境的新变化，形成完善的智能出版生态系统，在明确内涵和定义的基础上提出以下构建原则。

1. 关注用户需求

不同于以前的被动式接受，现在的智能技术赋能受众，让用户有更多的机会选择自己需要的内容，从而丰富用户的使用体验。以用户需求和体验为中心，设计易于使用、内容丰富、个性化的智能出版服务。例如，新浪微博界面含有多个版面，满足了用户多样化内容的需求，同时各个板块的设置，为用户更好更快地检索提供了便利；手账 App，关注不同群体的用户，通过满足长尾人群的需求带来经济效益。

2. 内容为王

随着传播权力的下移，用户拥有更多的自主权和发言权，各种社交媒体成为用户聚集的平台，人人都有麦克风，这导致了内容质量参差不齐，破坏出版生态系统。因此，需要人工与技术协同确保内容的质量和可靠性，提供有价值的、准确的、多样化的出版物。例如，《人民日报》传播内容认知全国重点实验室研发的"智晓助"智能系统，融合了大数据、人工智能等尖端科技，通过运用自然语言处理、机器学习算法及深度迁移学习技术，能够自动辅助识别并提示文稿、图片及视频中的不规范之处，同时提供纠错建议。该系统有效分担了传统校对工作的部分任务，为内容创作者提供了强大的辅助工具，显著提升了校对审稿的效率和准确性，确保了出版物内容的精准与可靠。

3. 数据赋能助力"破圈"

利用最新的技术，如人工智能、大数据、云计算等，来提高出版效率和用户体验，同时还能通过收集和分析用户数据来优化内容推荐、个性化服务和用户互动。例如，纸质出版物上印刷二维码，用户通过扫码即可观看具有立体化形态的场景；抖音、快手 App 根据浏览记录、搜索记录和购买记录，利用大数据分析得到用户喜好等相关数据，进行推送，精准触达。

4. 行业协作

鼓励行业内外的合作，包括内容创造者、技术提供者、分销渠道等的协作。跨行业协作可以提高出版机构的业务范围和影响力，提供更多的创新机会和降低成本与风险。例如，新华社的"中央厨房"打通新闻题材，实现采编一体化，统筹采访、编辑和技术的力量，从而实现"一次采集，多种生成，多元分发，全天滚动"的传播格局。出版业也可以和教育行业合作，提供优质的教育资源和产品服务；与电影、电视剧、游戏等娱乐产业的跨界合作，将图书作品等改编成影视作品或游戏，以此来达到提升知名度和影响力的目的，如改编于日本畅销书籍 *Pierre The Maze Detective* 的冒险游戏《迷宫大侦探》。

（三）智能出版生态系统整体框架

智能出版生态系统具有诸多功能，对我国出版业发展具有重要作用，而当前我国智能出版生态系统在基础设施建设、内容生产过程、商业运作模式方面正在发生转型，生态系统也在发生改变，对促进智能出版生态系统的可持续发展意义重大。

1. 基础设施建设

出版业的基础设施主要涉及以下几个方面。

(1) 内容生成。内容是出版业的核心，作家、编辑和校对人员负责创作、整理和修改内容，确保其质量和准确性。在政策引领和数字经济的推动下，我们当前新基建蓬勃发展，IPv6 和 5G 这些"下一代互联网技术"已经从探索阶段进入到了实质应用阶段，内容生成也转向智能化。智能化内容生成是指使用 AI 技术自动创作内容的过程，不仅能够提高生产效率，也能够促进出版业变革。

(2) 设计与排版。设计师负责书籍的封面构思、插画创作及页面版式设计，而排版工作则是将文字与图像巧妙地融合在页面上，以适应印刷或数字发布的需求。随着秀米、可画 App 等设计软件的普及，设计与排版领域的门槛逐渐降低，越来越多普通人开始涉足其中，自出版现象的兴起，便是这一趋势的生动体现。据独立作家联盟（Alliance of Independent Authors，ALLi）最新发布的调查数据显示，英语国家的自出版作者收入实现了显著增长。这些作者通过电子图书平台自主出版图书或多媒体产品，无需第三方出版商的介入。据统计，2022 年，自出版作者的收入中位数达到了 1.27 万美元，较上一年度增长了 53%，这一收入水平已经超越了同调查中通过传统出版途径出版作品的作者。❶

(3) 印刷与发行。对于实体书籍，印刷是关键环节。印刷

❶ 独立作家联盟. 2023 Self-Publishing Survey Report：Author Earnings and Market Trends［R］. 2023.

厂使用各种印刷技术（如胶印、数字印刷等）来制作书籍。而目前随着数字化对我们日常生活的不断渗透，电子书和在线内容成为出版的重要组成部分。这需要专门的软件和平台来制作和分发电子书籍、杂志等。书籍需要通过分销网络（如书店、在线零售商等）来向读者销售，因此对于实体书籍，物流（存储、运输等）也是必不可少的。

（4）市场营销。市场营销专业人员负责推广书籍，吸引读者注意；销售团队则负责与书店和其他零售商合作，以实现销售。

（5）相关法律法规。遵守相关法律和行业标准是出版业的必要条件，这包括版权法、隐私法和消费者保护法等。其中版权保护是近几年的热门话题，因为技术升级不可避免会带来版权问题，出版机构需要负责管理和保护作品的版权，这包括与作者签署合同、处理版权许可和维护版权安全。例如，在2023年6月份举办的第二届版权产业创新及知识产权保护东湖论坛上，来自版权业界、学界、司法界及行政管理部门的众多专家学者齐聚一堂。他们围绕网络文学、剧本杀、广告联盟、AI生成内容等热门话题，分享了实践中的典型案例，并聚焦版权保护领域出现的新问题，共同探讨和探索新的应对策略。

正是这些基础设施的整合才使出版业能够持续运作，不断地为公众提供新的和高质量的阅读材料。随着技术的进步，出版业也在不断地发展和变化。

2. 内容生产过程

（1）组织、选题策划。这是出版的第一个环节，也是关键的环节，选题的恰当与否直接关系到出版物市场与发行效果的好坏。出版机构通过确定目标群体用户、选择合适的出版形式、确定出版内容、制订出版的计划和时间表最后形成选题策划方案。如何确定选题是我们必须面对的一个问题，传统情况下需要我们付出大量的人力、物力、财力确定选题，且可能由于编辑个人主观倾向或者市场调研数据不足等增加了选题的风险。但随着技术与出版的深度融合，AI 等技术可以对选题相关的数据进行收集和分析，利用深度学习技术从海量数据中挖掘出有效信息，深度分析用户需求，提升选题的科学性与精准性，将编辑从这种琐碎繁重的工作中解放出来以提高选题的效率和质量。

（2）写作、编辑。该环节最能体现编辑劳动的创造性，如今，内容为王对出版物的质量要求越来越高，根据标准和要求完成相关写作对传统方式提出挑战，在传播速度空前迅速的今天，如何又好又快地完成写作尤为重要。如聪明灵犀，是电脑端比较受欢迎的智能写作模型，通过主页面的 AI 写作功能，可以生成各种文章和文本，将人力的专业和机器的效率有机结合，实现人机共创、优势互补、不断创新，打造更多的优质作品。

（3）审校。是出版物质量的保证，一般包括内容加工和形式加工，审读主要涉及排版和印刷的细节，引用文献和注释的准确性等，审校环节也由原来的三审三校逐步转型升级，如利用 AI 技术对出版物内容自动纠错，实现智能校对，提高编校效率，降低编校成本，降低出错率，从而提升出版物的质量。

（4）排版。智能排版技术已经广泛应用于报纸、期刊、书籍等出版物的制作中。尤其是在数字出版领域，因其高效、便捷、成本低等优势受到人们的青睐。以沃尔玛超市对每日商品价目表的更新为例，因为日报要三点付印，所以工作人员需要在深夜将相关内容手动输入到版面中，费时费力，也易出现纰漏。通过智能排版工具，可以将 Excel 表格的数据批量插入编辑版面，简化流程，提高效率。

3．商业运作模式

（1）增值内容服务新模式。出版机构凭借自身丰富的内容资源，正逐步从传统的纸质书提供向知识服务型产品转型，这一转型主要体现在内容的拓展和呈现形式的多样化上。其核心驱动力在于内容资源本身，通过纸质书的数字化、智能化改造，线上知识服务的提供，以及 IP 的多元化开发等方式来运营，盈利渠道则主要涵盖电子书销售、知识付费服务、版权转让收益等。举例来说，人民卫生出版社在纸质书籍中融入二维码技术，通过扫描即可访问音频、视频、动画等多媒体内容，为临床资源提供了立体化的展示，同时针对核心内容推出了 VIP 付费阅读服务；而三联书店旗下的《三联生活周刊》也推出了知识付费产品，以满足用户日益多样化的知识需求。

（2）社群社交电商融合模式。出版机构开始构建和运营线上用户社群，通过提供知识服务或搭建电商平台来实现盈利。以往，出版机构主要依赖实体书店作为发行渠道，但如今，基于社交关系的社群打破了传统的单向传播模式，通过社交网络实现了供给者与读者之间的双向信息沟通，有效促进了消费。例如，《三联生活周刊》于 2018 年精心策划了一场社群营销活动，充分利用其读者圈、微信公众号、官方微博等多渠道资源，发布高质量内容，成功吸引了众多垂直领域的用户关注。

（3）出版金融化创新模式。出版机构开始尝试对出版产品进行金融化操作，以此吸引社会资本投入，提升知识与版权的资本价值，从而开拓新的收益来源。众筹出版是出版金融化模式中的较早尝试。众筹即通过向大众筹集资金的方式，以具有吸引力的回报为诱饵，吸引公众积极参与，这一模式延长了传统出版的产业链，并创造了新的利润空间。在我国，《社交红利》一书率先采用了众筹出版的方式，该书在 2018 年成功完成资金筹集，上线仅两周就实现了 10 万码洋的销售业绩。

四、智能出版系统案例

（一）国外案例

1. 亚马逊的 Kindle Direct Publishing（KDP）

亚马逊的 KDP 提供封面设计、编辑和营销等附加服务，允许作者直接出版电子书和平装书，作者能够轻松地上传和管理他们的作品，通过 KDP 发布的书籍能够在全球范围内的亚马逊市场上销售。作者可以获得销售额高达 70% 的版税，这远高于传统出版的标准。同时，该平台使用数据分析来提升市场策略和个性化推荐系统。这个平台降低了出版门槛，使更多作者能够分享他们的作品，不断扩大其电子书库，促进了内容的多样性，进而吸引更多读者。亚马逊还可以利用 KDP 收集的数据来分析市场趋势和消费者偏好，利用用户数据分析来优化书籍的市场推广和定位。

2. Google Play Books

Google Play Books 是一项由谷歌运营的电子书数字分发服务，是 Google Play 产品线的一部分。它允许用户购买和下载电子书和有声书，据称提供超过 500 万种标题，是"世界上最大的电子书集合"。用户可以在 Google Play 网站上的专用书籍板块阅读书籍，或通过适用于 Android 和 iOS 的移动应用，以及支持 Adobe Digital Editions 的某些电子阅读器来阅读。此外，还可以通过网络浏览器和 Google Home 阅读书籍。用户还可以上传多达 2000 本电子书，格式为 PDF 或 EPUB。

3. Wattpad

这个平台成立于 2006 年，是一个聚焦同人小说和 UGC 故事创作的加拿大数字阅读平台，通过分析用户互动和阅读数据来发现潜在的畅销书作者和作品。它也为新兴作家提供了能够分享作品的机会，并通过数据分析帮助他们提升作品的可见度。

Wattpad 平台独树一帜，将"数据驱动"策略与人工编辑的敏锐眼光巧妙融合，旨在发掘具商业潜力的故事主题或元素，开创全新"讲故事"方式。除了构建高度互动的社区与用户生态，该平台尤为重视"故事基因机器学习"技术，这一技术核心在于深入分析句子结构、词汇运用、语法规则，并融合用户参与度等多维度数据。在此基础上，结合人工团队的智慧决策，精准遴选出满足不同需求的内容 IP。这些 IP 随后成为平台改编、授权合作、推广投放等多元化内容合作的坚实基石。

受"数据驱动"方法论的有力推动，Wattpad 的业务版图持续拓展，已广泛涉足影视内容改编、社交应用开发、品牌服务合作、版权管理等多个领域。在这个过程中，Wattpad 不仅保持了其作为网络文学阅读社区的初心，还逐步将自我定位升级为

"全球多平台娱乐公司"，展现出其在全球娱乐产业中的广泛影响力和无限潜力。

4．Springer Nature

Springer Nature 是一个国际出版公司，成立于2015年，出版涵盖科学、技术、医学和社会科学等领域的期刊和书籍。它使用机器学习算法来辅助同行评审过程和内容推荐。例如，通过分析大量出版物和引用数据，机器学习可以帮助识别相关文章，提高研究的可见性和影响力。

5．Google Play Books

Google Play Books 是 Google 旗下的一个电子图书馆，它允许用户购买和下载电子书籍、有声书籍以及一些数字出版物。这个平台最初于 2010 年 12 月推出，当时名为"Google eBooks"，是谷歌旗下的一项服务。用户可以通过 Google Play Books 的网站或者使用其在 Android 和 iOS 设备上的应用程序来访问和购买内容。这个平台支持多种格式的电子书，包括 EPUB 和 PDF，用户可以在不同设备上同步他们的阅读进度、书签、笔记和高亮内容。

谷歌的电子书服务不仅提供电子书出版，还利用人工智能技术为读者提供个性化阅读建议。此外，它还通过分析用户的阅读习惯和偏好来优化搜索和推荐系统。

6．Elsevier 的 ScienceDirect 平台

ScienceDirect 是一款 Elsevier 旗下的在线科学文献电子数据库。Elsevier 利用人工智能和大数据技术来提高 ScienceDirect 的搜索和推送效率。用户可以通过 ScienceDirect 访问来自世界各地

的出版物和研究成果。这个平台不仅包括 Elsevier 自己出版的内容，还包括其他出版商的作品。ScienceDirect 通过订阅模式向个人和机构提供服务，用户可以订阅整个期刊、特定的期刊或单独的文章。除此之外，ScienceDirect 的界面设计十分简洁，还提供高级搜索选项，如关键字、作者、出版日期等，以帮助用户更精确地找到相关的学术资源。

（二）国内案例

1. 阅文集团

阅文集团是中国最大的网络文学平台之一。阅文集团运用大数据和 AI 技术分析用户阅读行为和偏好，为作者提供写作指导和市场趋势分析，从而帮助他们创作更受欢迎的作品。同时通过智能推荐系统对用户进行兴趣推送，提高用户的阅读体验。

2. 百度的百家号

百家号是百度推出的一个内容发布和共享平台，百度的这一平台允许内容创作者发布和管理文章，并使用 AI 技术来分析用户行为，优化内容分发。这个平台鼓励个人和机构发布各类文章，同时还能帮助识别和过滤低质量或不合规内容。

3. 墨迹天气的个性化内容推荐

墨迹天气将传统的气象服务与智能出版相结合。不仅提供天气预报，还使用数据分析和机器学习技术来推荐个性化的生活方式和健康内容，提高了用户体验。

4. 京东读书

是京东集团旗下的数字阅读平台，利用数据分析和 AI 技术来推荐书籍和文章，提供个性化的阅读体验。它还使用用户反馈和阅读习惯数据来不断优化推荐算法。

5. 新华书店的智能出版

新华书店利用 AI 技术来推动出版物的数字化转型。它通过分析销售数据和市场趋势来指导出版决策，同时也在实体店铺中引入智能推荐系统，增强顾客的购书体验。

6. 搜狐媒体平台

搜狐作为中国的主要新闻和信息平台之一，运用大数据和 AI 技术来分析新闻趋势和用户行为，从而优化内容的分发和个性化推荐。

7. 掌阅 App

掌阅 App 是中国知名的移动互联网网络书城，通过引入灵活创作机制，允许读者通过创新、修改和删除阅览笔记、评价等行为参与知识创造，这一举措有利于激发用户内容创造活力，增强用户黏性；设置帮助反馈机制，设置"用户价值满意度调查"以提高服务质量；注重跨平台的联动效应，允许读者将内容分享到其他社交平台，满足用户多元化场景需求。

8. 故宫出版社

由故宫博物院主办，依托故宫丰富的文化资源，积极探索"出版+数字技术""出版+文旅融合""出版+文创产品"等创新型发展模式，将高品质的内容进行编辑加工后传递给读者大众，如其出版的《谜宫·如意琳琅图籍》是第一部解谜互动游戏书，采用"非遗手工线装书籍+手机游戏互动阅读"的模式，将传统的纸质图书与现代科技有机结合，书中包含的人物、背景、建筑和历史核心，每一个元素都经过大量的文献查阅与严谨考证，坚持内容为王的同时创新了传统纸质图书的阅读方式，让故宫的历史文化知识在游戏过程中活起来、动起来，更具吸引力。